一本书读懂内部审计

孙伟航 著

红旗出版社

图书在版编目（CIP）数据

一本书读懂内部审计 / 孙伟航著. -- 北京：红旗出版社, 2023.5
ISBN 978-7-5051-5324-0

Ⅰ.①一… Ⅱ.①孙… Ⅲ.①企业—内部审计—基本知识 Ⅳ.①F239.45

中国国家版本馆CIP数据核字(2023)第021654号

书　　名	一本书读懂内部审计		
作　　者	孙伟航		
责任编辑	任奕遥	责任印务	金　硕
责任校对	汪佳梅	封面设计	邵一峰
出版发行	红旗出版社		
地　　址	北京市沙滩北街2号	邮政编码	100727
	杭州市体育场路178号	邮政编码	310039
编辑部	0571-85310806	发行部	0571-85311330
E - mail	renyy0301@163.com		
法律顾问	北京盈科（杭州）律师事务所　钱　航　董　晓		
图文排版	杭州真凯文化艺术有限公司		
印　　刷	杭州钱江彩色印务有限公司		
开　　本	710 毫米×1000 毫米　1/16		
字　　数	183千字	印　张	15.5
版　　次	2023年5月第1版	印　次	2023年5月第1次印刷
ISBN 978-7-5051-5324-0		定　价	69.00元

自序

绝大多数人，包括审计人员自己，在绝大多数时候，都认为审计是对财务会计的审计。甚至在个别企业里，这样的思想充斥着整个管理层。但实际上，审计的范围非常广。即使是企业的内部审计，其审计范围也不仅仅局限于财务会计审计。恰恰相反，对财务会计的审计只是企业内部审计的部分项目而已。除此之外，内部审计还有很多审计项目。

那么，为什么会有审计就等同于审财务会计的说法呢？

先给大家讲一个故事吧。

森林里有一座城堡，所有去过这座城堡的人都说城堡很漂亮。城堡里面住着的女主人温柔美丽、和蔼可亲，她会拿出最好的美食和美酒款待客人，还会带着客人游览她美丽的城堡。客人临走时，她还会送精美的纪念品给客人。从这里回去的人都会和身边的朋友说起这座美丽的城堡和城堡里和蔼可亲的女主人。于是，你也想去这座美丽的城堡看看。可是当你走进城堡时，却没有看到传说中和蔼可亲的女主人，而是看到了一位表情严肃的男主人和他手里闪着寒光的斧头。于是你明白了，城堡里应该住着两个人，一位温柔美丽、和蔼可亲的女主人和一位表情严肃、手持斧刀的男主人。

为什么你听到最多的说法是城堡里住着温柔美丽、和蔼可亲的女主人呢？

那是因为遇到表情严肃、手持斧刀的男主人时，来访者大都被其砍死了，他们没能顺利走出这座城堡。

说回审计，不只是财务人员，高层管理人员也会遇到离任审计，但他们中的个别人往往也是推给财务人员了事。并且，执行审计时内部审计人员也经常选择与财务人员对接工作。这就反映出了另一个问题——审计部门的隶属。所以我在书里提出了审计的双轨制。

我们所听到的关于内部审计的话题大多来自财务人员，所接触的内部审计人员也多是谈论财务问题。这就让我们产生了错觉，以为审计审的是财务，内部审计关心的更是财务。

但我们首先要明白一个概念，这里所说的财务，指的不单单是我们所认为的财务人员记载和使用的账簿、报表、支票……

自 序

　　财务是贯穿企业整个运营过程，乃至整个生命过程的经济活动。而企业的内部审计，就是针对这个经济活动进行的。这就涉及方法与应对，同时也要求内部审计人员不断地更新对新经济形式的认识与理解。

　　舞弊是一个不可避免的存在，而舞弊又有其本身的隐蔽性。所以内部审计人员在遇到涉及舞弊的情形时，会有不知以哪里作为切入口的感觉。实际上，在应对舞弊时，内部审计人员要像侦探破案一样，统筹全局、步步为营，从虚虚实实真真假假的各种"线索"中理出头绪。其中的各种手法请移步舞弊应对的章节。在阅读时，不妨将本书当做探案小说去读，你就会发现内部审计的精彩之处。

　　人虽然是最小的个体，但人是千变万化的，于是就有"千人千面"的说法，所以人也是最大的变量。而企业的成员恰恰是由这些作为最大变量的个体组成，并且沿着最没有定量的经济轨迹运行的，内部审计人员所要面对的就是随时应对这些变量。这就对内部审计人员提出了综合性的要求。审计，不仅仅是审计。

　　当然，这本书还有很多不足的地方。愚人千虑，必有一得，希望本书能有一得之处，让您有所收获、心生欢喜。最后，感谢所有为此书做出努力的人，感谢此刻正翻开这本书的你，是你、你们，共同成就了此书。

目 录

引 子

01 成立审计部

审计双轨制　　/ 003
招聘新人　　/ 009
内部审计不只是审计　　/ 013
什么人可以做内审　　/ 017

02 审计前的准备

新人报到　　/ 025
审计的四性　　/ 030
制订审计计划　　/ 034
内部审计通知书　　/ 045
审计方法　　/ 051
审计证据　　/ 061
后续审计　　/ 064

03 内部审计审什么

货币资金审计　/ 071
收入审计　　　/ 096
付款审计　　　/ 117
存货管理审计　/ 125
固定资产审计　/ 134
人力资源审计　/ 145
财务管理审计　/ 155
离任审计　　　/ 167

04 舞弊应对

收到一封举报信　/ 175
谈话技巧　　　　/ 186
证据从哪里来　　/ 200
报表舞弊怎么审　/ 210

05 报告及归档

审计报告　　　/ 223
审计档案管理　/ 229

番外　审计人员的路在何方　/ 235

引子

寒来暑往，冬去春来。林氏商贸有限公司在林正东的经营下慢慢地走上了正轨，公司的业务也在不断发展。除了固定的老客户，还有很多新客户慕名而来，他们一是冲着林氏音箱的品质，二是冲着林正东的为人。生意就是这样，产品的品质要硬，但更重要的，还是看背后做出商品的人，人靠谱，产品也不会差。

公司做大了，内部管理的问题就浮上了水面。公司规模还小的时候，经营者想的是怎么生存，活下去才是硬道理。当公司经营慢慢走上正轨，管理就要重视起来了，内部治理就像游戏里的打怪升级，到某一级必然会出现与之相匹配的怪兽。

林正东想起了之前的事情，固然是他太心急，没有照顾到刘洋的处境，想着兄弟之间，一瓶酒下肚，没有什么是不能解决的。但这样的事情难免以后还要遇到，更何况如果是兄弟之外的人呢，其他人能像刘洋这样理解他吗？

　　灵樑说得对，公司的问题不是一两瓶酒和情意就能解决的，还是要靠管理。

01 成立审计部

审计双轨制

一大早，林正东就找来灵樭，谈了自己想在公司内部成立审计部门，并让灵樭负责的想法。就像当初公司刚成立的时候，灵樭带领小米和朵朵从无到有建立起了财务部一样，林正东希望灵樭也能从零开始，建立起一个审计部。他相信灵樭，不管是在专业能力上，还是她对公司的热爱上，这个和他跟刘洋一起将公司建立起来的人是值得信赖的。

"筹建审计部没有问题。实际上，大型集团企业也会从财务部抽调人员去审计部，只要在相关工作上做到规避就好。就像在运动场上，一个人不能既当运动员又当裁判员。"灵樭说道。

"你全权负责就好，如果需要增加人手，这两天就安排招聘。另外，你拟一下审计部门的设置和组织架构等内容，我们定一下，这事儿得全面推进。"林正东的执行力还真是没的说，一旦决定做什么，必定推进得快、准、狠。

"好的，我这就准备，尽快提交。"

灵槭刚回到财务室，小米就围了上来。

"灵槭姐，审计部是个什么部门？是不是管咱们财务人员的？"不管是小公司还是大公司，有时候消息总是比人走得快。这不，小米刚听说公司要成立审计部，而她最喜欢的上司兼人生导师和知心姐姐要去负责新部门，她立马就来为心中的疑惑寻求答案了。

"你呀，是不是觉得管人好过被人管？"灵槭打趣道。

"那是，'不想当将军的士兵，不是好士兵'。"

"你的歪理还真是一套一套的。"朵朵也好奇审计部的事，凑过来说道。

"审计部可不是用来管财务部的，千万不要有这样的误解。"灵槭纠正小米的观点道。实际上，这是一个普遍的认知误区，甚至很多企业管理者和财务人员也这样认为，一提到审计，他们第一时间就会产生"那不就是审会计的吗"，类似这样的想法。

"现在企业普遍会遇到这样的情况，财务人员烦审计人员，审计人员觉得自己在公司没地位。这真是一个千古难解的怪圈。实际上，这是因为公司没有明确区分财务与审计的定位。审计并不是审财务的，它和财务也不是要争谁对谁错，彼此是针尖对麦芒的存在。它们是两个不同的服务部门，是相辅相成的合作关系。审计部门需要企业组织机构的授权，其中最重要的一个关键词就是'独立性'。倘若审计部门丧失了独立性，那么审计人员的客观性就会受到影响，直接导致审计部门失去存在的意义。因此，一家健康的企业会给予审计部门充足的授权，以保障审计的效果。"灵槭解释道。

"哈哈哈，还真是，我就是这么想的。"小米诚实地表达了内心的想法。

"企业中审计部门的定位不清、地位不高，必然会影响审计人员的独立性，审计的效果就难以达到。所以企业一定要授予审计部门很高的地位，强调审计部门的权威性，这样，它才能发挥应有的作用。审计部门应该既向总经理报告，又向董事会报告，就像两条并行的铁轨，我们不妨称之为'双轨报告制'。这样既避免了总经理对审计部过多干预，又提高了审计部的地位，同时还能很好地向公司管理层通报企业的真实情况，让他们更好地掌握公司的发展近况。"灵槭边说边拿出纸笔画了个草图（如图1-1所示）。

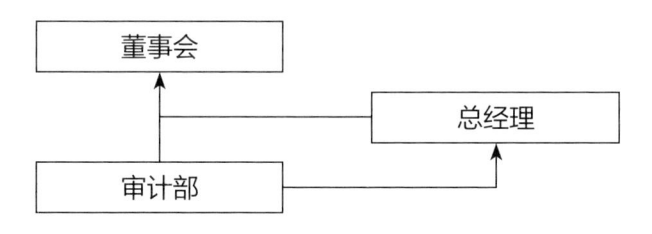

图1-1　审计部双轨报告制

"啊？那审计部不就有两个领导了吗，到底应该听谁的？"小米本来想着审计部是管别人的部门，没想到还要被这么多人管。

"小米，拿出你平时点奶茶都要两杯的格局来！"朵朵狠狠地"暴击"了一下小米，"灵槭姐平时不止一次强调一定要有大局观，这样的双轨报告制一定有它存在的必要。"

"不错，小米又只站在自己的位置思考问题了。你换个方向，站在公司的角度来看，双轨报告制其实就是双向负责制。审计经理定期向总经理汇报工作，既有利于融洽与总经理的关系，也有利于审计工作的开展。而向董事会汇报则有利于保证内部审计较高的独立性和权威性，从而对公司做出全面的监督和客观的评价。反过来，公司的董事会作为管理层，也能通过内部审计报告及时地了解公司真实的经营管理情况，遇到问题也能及时采取措施，以便尽可能地降低公司的经营风险。"

"那么，我们再从董事会的职责来看，想想董事会是做什么的。"灵樨徐徐引导，试图让小米和朵朵从不同的角度出发，更清晰地认识这个新的部门。

"董事会负责执行股东大会的决策。"朵朵说道。

"董事会听股东大会的话，然后招聘总经理管理公司。"小米补充道。

"不错，股东大会决定了公司的宏观经营方针，董事会根据方针计划决定具体措施。同时，董事会还决定公司内部管理机构的设置，所以内部审计机构及其人员编制都需要董事会的批准，审计计划也要董事会批准。审计部门每年向董事会报告，同时抄送董事长、监事审计情况，以及审计问题的改进和落实方案，这样的内部审计管理模式和定位，就可以从根本上保障审计部门的独立性和权威性。有了制度的保障，就能确保内部审计监督、评价有效进行。"灵樨把内部审计在公司中的架构以及工作安排给她们讲了一下。先从根本上纠偏，才能更好地为将来的工作服务。

"嗯，明白了。我听说有些公司的内部审计部门是设立在财务部下面的，这样看来是不太合适的。"朵朵说了她听闻的一些现象。

"是的，内部审计部门需要保持独立性，这一点很关键。如果审计部门隶属于财务部，或者兼管其他业务部门，审计工作很可能会流于形式。如果审计部门的地位过低，与业务部门平行或者低于业务部门，审计工作就很难开展。要知道,审计过程中遇到的阻力和困难是很大的,比如你向被审对象索要资料,对方说没有;你向他们询问遇到的问题,对方说不知道;你和他们约定访谈的时间,对方说没空;你跟他们说要进行存货监盘,对方说仓库太远过不去……实际审计时对方不配合工作,借口多到你想象不到。这时,你怎么办?"灵樨说道。

"啊?这也太伤脑筋了,还真是软钉子不疼但最扎人。"机灵鬼小米也表示无语了。

"所以,审计部门在公司受重视的程度,直接影响了以后内部审计工作的开展。如果没有公司高层的支持,没有制度上的保障,内部审计的工作将很可能无法开展。"灵樨进一步对内部审计的地位做了形象的说明。

"我也明白了,将审计设定为双轨报告制,这样就最大程度地保证了审计部门开展工作的顺利性,否则遇到那些赔着笑脸却不配合工作的人,还真没办法。"小米也听明白了,在她看来,如果以后工作中遇到各种不配合的情况,她还真会觉得憋屈。

"是的,所以审计部门的负责人应该由董事会任命,薪酬、福利及奖金也应该由董事会审核,并直属总经理领导。这样做实质上是在保障审计部门的独立性和权威性。审计部门的负责人行政上接受总经理的领导,业务上独立工作,职能上直接向董事会报告,这样,审计部门就可以在地位上略高于其他职能部门,又能融入高层管理,对协调与总经理的关系也有很好的适用性。"

"现在觉得这个双轨报告制简直是绝妙的设置。"小米不由赞叹道。

"灵樨姐,审计的独立性真的是太重要了。就像你刚才说的,如果审计工作处处受到掣肘,那还怎么开展?审计肯定会丧失独立性,而独立性一旦丧失，就很难再保持审计客观公正的立场了。"朵朵看到了事情的本质，这才是设立双轨报告制的意义所在。

知识小结

审计部门的地位和在公司的受重视程度，直接影响以后内部审计工作的开展。如果没有公司高层的支持，没有制度上的保障，那么内部审计工作将很可能无法开展。另外，审计部门需要保持独立性。如果审计部门隶属于财务部，或者兼管其他业务部门，审计工作很可能流于形式；或者审计部门的地位过低，与业务部门平行或者低于业务部门，审计工作也很难开展。要知道，审计过程中遇到的阻力和困难是很大的，有时候很可能会让工作陷入寸步难行的地步。

招聘新人

"灵樾姐,我仿佛看到了一个新的天地。我能不能跟你走?朵朵,我想投入审计的怀抱。"小米对什么事都充满了热情。

"你要走了,那公司不还得再招个财务?"灵樾打趣道。

"哎呀,反正也要为审计部招人,况且内部审计人员也不好招,我去不也是舍身奉献嘛!"小米总是有她的歪道理,却又能让听的人信服。

"谁说内审人员不好招的?"

"你看各大招聘网站,挂的都是招财务人员的,很少看到有公司招内审人员。"看来小米是提前做了功课,连招聘的事都想好了。"灵樾姐,你快给我们说说审计部门的工作分工吧。"

"你又想背岗位职责说明了?"朵朵还记得当初刚来时,小米不停地说自己的岗位职责比朵朵的少,结果后来发现,职责越是精简,涵盖的内容越是多。

"我这是关心工作。"小米赶紧打断朵朵。

"正好,你自己留一份看,然后给人事部送一份。"灵樨把手上审计部门的岗位职责要求给小米递了过去。

审计部门职责

1. 负责制定公司内部审计规章制度、工作程序、工作制度,编制公司年度审计工作计划并组织实施。

2. 负责对公司财务收支及有关经济合同及执行国家相关法规情况进行审计监督。

3. 根据公司管理要求,对公司各部门负责人进行任期、任中、离任经济责任审计。

4. 对公司内部控制系统的合规性、有效性和风险管理进行审计监督、评价和意见反馈。

5. 指导和督促审计部门和人员开展内部审计工作,并对其内部审计工作质量进行检查。

6. 负责建立公司内部审计档案,组织开展内部审计人员的业务知识培训。

审计部门负责人岗位职责

1. 负责制定公司内部审计规章制度和操作规范,以及公司内部审计工作制度,负责组织公司年度审计工作计划。

2. 负责审计计划和项目的实施和推进,负责审计报告的审核。参与对重大投资项目、重大经济合同的审核,并不定期进行检查和内部审计监督。

3. 负责对公司的财务收支及有关经济活动等进行审计监督。

4. 根据公司的安排，负责组织开展对领导干部任期经济责任审计。

5. 负责督促公司建立、健全完善的内部控制制度，并对内控制度的执行情况进行审计监督。

6. 经公司领导批准，公示有关审计结果，通报、责令改正审计中发现的问题。负责组织后续审计，监督、检查被审计对象采取的整改措施及效果，并向公司领导报告后续审计结果。

7. 指导和督促审计部门开展审计工作，并对审计工作的质量进行检查并负责。

8. 负责开展审计部门员工的业务知识培训。

审计员岗位职责

1. 参与制定公司内部审计规章制度和操作规程、年度审计工作计划、项目审计实施计划、审计方案的编制等工作。

2. 参加各项常规审计工作的实施，按规范要求编制审计工作底稿；按规定程序和方法收集、鉴定和整理审计证据。

3. 对涉及审计项目实施必要的审计程序，做到独立、客观、公正，规范整理审计工作底稿，撰写内部审计报告初稿或征求意见稿，并征求被审计对象的意见。

4. 参与后续审计、审计调查，并撰写后续审计报告及审计调查报告初稿。

5. 负责有关审计资料的收集、整理、归档工作，遵守保密原则，保护当事人合法权益。

6. 完成领导交办的其他工作。

内部审计不只是审计

"灵樨姐，我们审计部门具体都做些什么，就是审计财务报表吗？"小米的速度还真快，这就从人事部门跑回来了。

"当然不是，财务审计只是内部审计的一部分，不过这部分相对来说更被大家所熟识，因此大家都认为内部审计就是审财务。"灵樨解释道。

"实际上，内部审计的范围很广，可以覆盖公司经营的全环节。比如对经济合同的审计、对内部控制的审计、对业务流程的审计、对部门绩效的审计、对人力资源的审计、对信息系统的审计、对舞弊的审计、对投资活动的审计、对公司战略决策的审计、离任审计、经济责任审计、对违规行为的查处，甚至还包括向各部门或管理层提供咨询服务，等等。这些都是审计部门负责的事务。"

"这么多呀，那内部审计是不是很忙？朵朵，我是不是跳进火坑了？"小米以为自己是去审别人的，没想到审别人的背后有这么多工作，比在财务部忙多了。

"你这是去提升自己了,不是跳火坑。"朵朵纠正道。

"小米,你要知道,没有一份工作是轻松的。"灵樨说道。

"哈哈哈,我知道,我就是先吐槽一下,让自己有个心理准备。灵樨姐,这些审计工作不是同时进行的吧?就像财务岗的工作其实也很多,但也是一步一步做的,分散在平时,每个月会循环往复。"小米难得说了对自己之前工作的认识,每个月的重复工作已经让她失去了新鲜感。

"审计工作其实也是分散在平时的,不会一股脑儿地让你把这些全都做了。如果说重复,审计的工作内容可能也会重复,比如你在对财务会计进行审计时,业务大概都一样,你看的时候就会觉得重复。但审计中有一个词叫'增加不可预见性',也就是你不能用一成不变的审计方法应对审计工作。审计更像是'警察'或者'医生',要站在公司的整体角度看待问题,为公司经营把关,检查公司众多业务中存在的潜在风险点和漏洞,看有没有违法、违规的行为;有没有侵犯公司的利益、以权谋私的情形;公司现有的内控体系、规章制度、业务流程中有没有舞弊的漏洞。就像医生一样为企业把脉,发现和预防公司在战略发展、运营管理、内控体系等方面存在的风险,从而促进企业健康、有序、高效地发展。

"还记得'魏文王问扁鹊'的故事吗?魏文王求教扁鹊:'你们家兄弟三人,都精于医术,谁的医术最好?'扁鹊说:'大哥最好,二哥差些,我是三人中最差的一个。大哥治病,是在病情发作之前,在病人自己都不觉得有病时,大哥就下药铲除了病根,但这也使他的医术难以被人认可,所以大哥没有名气,只是在家中被推崇备至。我二哥治病,是在病初起之时,症状尚不十分明显,病人也没有觉得痛苦,二哥就已经做到药到病除,所以乡里人都认为二哥只是治小病很灵。我治病都是在病情十分严重之时，病人痛苦万分，家属心急如焚。此时，他们看到我在经脉上穿刺，用针放血；或在患处敷以毒药，以毒攻毒；或动大手术直指病灶，让重病人的病情得到缓解或很快治愈，所以我名闻天下。'

"我们的工作应该像扁鹊的大哥治病一样，在风险形成前就将其消灭掉，在漏洞扩大前就将其修补好，使企业能健康、有序地发展。'润物细无声'，这就是我们审计的作用。"灵樨解释道。

"明白了，审计的工作不是求名，而是求稳。"这回小米听懂了。

"有时候，审计也是咨询师，我们可能会被问到一些问题，比如我们在审计过程中发现了问题，被审对象往往就会问有没有好的解决方案。要知道，发现问题并不是终点，解决问题才是，这也是我们展现审计人员的职业素养，发挥审计作用的一种方式。所以，在面对咨询对象的提问时，我们首先要对被咨询的事情有一个清晰、客观、准确的认识和判断，然后针对问题，尽力提供相应的建议，在力所能及的范围内予以协助。在面对可做可不做的事情时，我的建议是要做就做到最好。除了专业知识，我们还需要具备分析和沟通能力，这样才能有效地对问题进行分析，并提出切实可行的解决方案，这对我们自身的综合能力要求非常高。"灵樨在一点点地教小米和朵朵，除了如何处理工作上的问题，还包括对问题的认知。

知识小结

内部审计的范围很广，甚至会扩大到公司经营的全环节。比如对经济合同的审计、对内控流程制度的审计、对业务流程的审计、对部门绩效的审计、对人力资源的审计、对信息系统的审计、对舞弊的审计、对投资活动的审计、对公司战略决策的审计、离任审计、经济责任审计、对违规行为的查处等，甚至还包括向各部门或管理层提供咨询服务。这些都是内部审计部门负责的事项。

01 成立审计部

什么人可以做内审

"灵槊姐,那我还能做审计吗?"小米觉得自己面前的山好高,山前面的路好长。

"别自己吓自己,如果你不能战胜内心的恐惧,恐惧就会如影随形。面对真实的自己,努力了,过程就是得到。

"任何人都可以做审计,缺什么,补上就是了。做审计是一个不断学习的过程。拿经济责任审计来说,主要是以公司各主要负责人的履职情况为主线,同时,需要多关注任期内的经济目标完成情况、内控体系建设情况、具体项目的绩效情况等。这就要求你对公司的业务要熟悉,要站在公司的角度看问题。还要求你对内部控制的体系建设也比较熟悉,这样才能更好地完成内部审计工作。

"再比如做投资审计,我们可能需要配合公司的投资部门,在投资前就对被投资方进行尽职调查,这就需要我们运用法律、金融等方面的专业知识。而面对我们专长之外的事情，有时就需要借助专家的力量，帮助我们完成任务。另外，有时候投资审计也有可能会被延伸到投后管理中，对投后对象在运营过程中是否有违反法律、法规，是否侵害股东权益，绩效是否达成等方面的问题进行审计。这就要求我们对相关方面的知识进行学习。我们都是边学边成长的，所以，别总说自己没有准备好，公司的业务发展是不会等你准备好才开始的。我对你们提出的第一个要求就是——培养持续不断学习的能力。"灵樨说道。

"明白了，做任何事都不是一开始就会的，是持续不断学习的能力决定了我们能走多远。"小米总结得很到位。

"对。要说对内部审计人员的要求，熟悉审计知识是最起码的，掌握一定的财务知识是标配。这样，内部审计人员就能通过财务系统了解到很多业务轨迹，为审计工作找到线索。除此之外，内部审计人员还要懂一些内部控制和风险管理的知识，在企业随时会面临各种风险的情况下，内部审计人员必须理解风险管理的意义所在。这样说吧，只有风险而无控制，是会出问题的，而只有控制没有风险，则是在浪费资源。所以，如何在有限的资源下保障风险的最小化，也是我们应该关注的一个问题。审计既要会细化问题，也要有大局观念。要切记审计是帮助公司更健康、有序地发展，而不是专门挑公司毛病的。"灵樨继续说道。

"哈哈哈，我之前以为审计就是来挑毛病的。"小米对自己这个曾经的认知毫不避讳。

"简单来说，审计知识是基础，财务知识是标配，内部控制和风险管理知识是加分项，另外还要会画图、制表、统计。"灵樨总结了要点，"除了这些必备知识，接下来就是对能力的要求。"

"首先是发现问题的能力,发现问题对内部审计人员来说是天职,拥有发现问题的能力是内部审计人员的立身之本,所以一定要训练自己对问题的敏感性和判断力。其次是分析问题的能力。发现问题是开始,分析问题是过程。从制定审计计划到分析发现问题再到解决问题,分析问题的能力贯穿整个过程。最后,在解决问题的过程中,内部审计人员需要具备沟通和表达的能力。这个能力非常关键,就算解决方案再好,如果不会表达和沟通,对方就不明白它好在哪儿,不明白好在哪儿,就很难接受内部审计人员的解决方案。解决方案不被接受,就会影响对内部审计人员审计意见的接受程度。总结下来,不会表达和沟通,会让我们在工作时陷入被动,而良好的沟通协调能力,不但能避免很多冲突,还会起到事半功倍的效果。以积极的态度运用一定的沟通技巧,可以有效地推进内部审计人员工作的开展。"灵樨说道。

"这点我擅长,就没有我搞不定的人。"小米听到这里立马两眼放光,这确实是她的强项,也是灵樨答应小米来审计部的主要原因之一,未来的审计工作中还是少不了这个机灵鬼。

"再有就是抗压能力。别说我现在没提醒你,未来的工作中你可能会面临自己想象不到的困难,如何在两难的处境中保持客观公正,保持诚信正直,就看你的抗压能力有多强了。"灵樨补充道。

"放心吧,我可是小米,不是有句诗说'苔花如米小,也学牡丹开'?别看我是柔弱女子,我其实也是'女汉子'。"小米的歪理又来了。

"别先急着夸下海口,客观来说,影响你的因素就有很多。"灵樨觉得有必要先让小米认识一下未来有可能影响她的因素。

"比如你的审计对象是朵朵时,你能做到不放水吗?"

"这个……也不需要那么铁面无私吧。"小米嘿嘿笑道。

"比如面临被解雇的压力时,你要如何继续保持自己的独立性?"

"'学好数理化,走遍天下都不怕',我把本事学到手,'此处不留爷,自有留爷处',就是解雇我,我也会秉持审计人员的职业道德和修养的。"小米豪言万丈。

"好,有这魄力就好,保持住!"灵樧赞叹道,"除了前面说的,我们还会遇到和被审计对象有长期合作关系,有直接利益关系,有密切的私人关系,审计范围受到限制,或者审计人员本人曾参与过业务活动等情况,这些都会影响审计人员的独立性。"

"这些好像是工作中不可避免的吧,有没有规避的方法呢?"小米问道。

"不错,已经具备分析问题的能力了。通常我们的解决方法是用合适的人,做合适的事,该回避的就回避,铭记'断、舍、离'。同时,就是提升审计人员的职业道德水平,将工作轮换安排,制定并实施系统、有效的内部审计质量控制制度、程序和方法。"灵樧说道。

"又学到了!灵樧姐,我们招的人下周就可以到岗,是不是就可以开始工作了?"

"嗯,等他到岗就安排工作。"

"期待!"小米已经迫不及待了。

知识小结

审计人员要不断学习,跟上企业的发展。审计知识是基础,财务知识是标配,内部控制和风险管理知识是加分项。除了画图、表格、统计等必备技能,审计人员还需要有发现问题和解决问题的能力、沟通能力、抗压能力等。

02

审计前的准备

新人报到

"大家好,我是新来的秦明,你们可以叫我小明。"

"你就是传说中的小明同学呀。"

"你一定就是小米。"

"灵樨姐,我知道你为什么选他了。"

"为什么?"

"你之前说过,审计要有发现问题、分析问题的能力。小明刚来就知道我是谁,说明他一定提前做过功课,了解了情况。"小米已进入到审计员的角色了。

"不错,你们两个都具有审计人员的潜质。假如把小米看作被审计对象,那么小明所做的就是'了解被审计单位及其环境',而小米所做的就是'观察'。这些都是我们在审计过程中必须经历的审计程序。就拿'了解被审计单位及其环境'来说,无论你要进行什么审计,都必须对被审计的对象进行了解，这个程序是必不可少的。"灵樏说道。

"嗯，知己知彼，百战不殆嘛，这个《孙子兵法》都说了。对敌人和自己的情况都了如指掌，作战才不会失败。"小米还搬来了兵书。

"了解的作用在于对被审计对象有一个预判，另外，也可以帮助我们判断自己可以在多大程度上相信被审计单位人员提供的信息。比如，我们逢年过节会和同学聚餐，大家步入社会做起了'社畜'，不再是校园里的读书郎了。遇到曾经住在同一个寝室的好姐妹、好哥们，免不了会问对方一句'混得怎么样'。假如一番寒暄过后，你终于问出了早就想问的问题，对方很直接地告诉你他的年收入是50万元，这时你会怎么做？"

"立马对比自己的收入，看看相差多少，再向她（他）'取经'，为什么同窗四年，接受同样的教育，人家一毕业就可以赚这么多。"小米满眼羡慕地说道。

"我会接着问他从事的工作是什么性质的，公司处于什么行业，在行业里又是什么样的地位。"小明说道。

"不错，知道进一步分析年收入50万元的成因，值得表扬。但高手一般还会看说这话的人是谁，判断他所说的话有几分可信度。假如你想了想，发现大学时这个人说话总是会夸大其词，是个无比高调的人，虚荣心极强，那么他的话的真实度就会大打折扣。可能他的年收入也就5万元，没准儿还是税前的。

"如果换成另一个人，他告诉你他的年收入是20万元，你知道这个人是一个低调、稳重、谦虚的人，那你会相信几分呢？可能你会觉得20万元是他说少了，没准是50万元，可能还是税后的。"灵樏说道。

"是呀，万一他骗我呢？我们天天说谣言不可信，但前提是我们得知道它是不是谣言，如果他经常骗我，那他说的话我怎么敢相信呢？唉！你说，我怎么就没想到这一点呢？"小米拍着自己的脑袋，懊恼得不得了。

"这就是我说的审计人员要具有的职业怀疑能力。"灵樨说道。

"对，怀疑一切！"小米斩钉截铁地说，仿佛要把刚才的懊悔找补回来。

"不是说'存在即合理'吗？"小明有些疑惑了。

"你说的是哲学，我们做的是审计，要是'存在即合理'，那领导让你设个小金库怎么办，也是合理的吗？让你开两张发票虚增收入怎么办，也是合理的？一看你就没接触过会计实务。"小米心直口快地指出了秦明观点的不合理。

"我们先来说一下审计的基本要求吧。"灵樨说道。"首先，你需要遵守审计准则和职业道德守则；其次，你要保持职业怀疑，合理运用职业判断。其中，保持职业怀疑尤为重要，它直接反映了审计人员的工作态度，也直接影响了你的思维方式。就像小米刚刚举的例子，存在不一定是合理的，有些存在的现象背后是舞弊的陷阱，有些看似合理的审计证据会导致错报，最终导致审计失败。

"审计是为了寻求事物的真实情况，在审计人员的世界里是没有巧合的，过分理想的结果和太多的巧合往往预示着舞弊，对于被审人员提供的证据和解释，一定要进行验证和排除。遇到相互矛盾的审计证据，可能引起对文件记录或对询问答复以及对从企业获取的其他方面的信息的可靠性产生怀疑的信息，明显不合商业情理的交易或安排等引起你疑虑的情形，一定要提高警惕。当你怀疑信息可靠性存在问题或存在舞弊迹象时，一定要做进一步的调查，修改原来的审计程序或者增加其他的审计程序。一定不能'拿来主义'，不能'存在即合理'。在审计过程中遇到困难，需要多花费时间、增加成本等，这些都不是不作为的理由。遇到这种情况，不妨问一下自己，'我真的把工作做到位了吗？'

"给你们讲一个故事吧！有一位审计人员在审计过程中发现了一份付款原始凭证，上面有一些用铅笔标记的符号，同行的人都说这可能是相关人员为了方便统计标记的，并且相关的审批、发票、签收、合同等都符合规定。但只有这位审计人员不这样认为，她检查了同类凭证，发现标记符号有一个规律，就是只会在传统节假日之前的记账日期里出现。于是，她去询问了经办人，经办人以为事情败露，就如实交代了。原来，这种原始凭证是夹带私货给个别人的福利。如果你也认为这些标记是合理的、无关紧要的，不愿意为此多花时间，很可能就错过了审计本可以发现的问题。"

"就是！你要质疑一切可疑的现象，要成为一个批判主义者。即使被审计方以前很善良，也要怀疑他现在是不是被现实打压得失去了理性。即使对方以前是正直、诚信、有道德的，也要怀疑他现在有没有被黑暗势力渗透，被收买了。毕竟诚信不能当饭吃，我们是要鉴定真伪的，是吧，灵榱姐？"小米像个变了身的福尔摩斯，把职业怀疑刻到了骨子里。

"你这也太极端了，要都像你这样，那没法工作了。"秦明被小米的架势吓到了。

"小米，保持职业怀疑可不是要你去鉴定文件记录的真伪，也不是要你去质疑被审计的单位管理层的诚信，你只要客观地去评价被审计对象就行。切记！我们不是国家审计人员，内部审计人员是没有公权力的！你要明白，我们内部审计除了常规的审计，更主要的目的是有效地为企业管理提供服务，防范风险，降低损耗，防止漏洞，帮助企业实现降本增效。你的审计行为本身不能给企业增加内耗。"灵樆说道。

知识小结

审计人员一定要摒弃"存在即合理"的思想。审计人员需要遵守审计准则，遵守职业道德守则，既要保持职业怀疑，又要合理运用职业判断。其中保持职业怀疑尤为重要，它能让审计人员更谨慎，也直接影响了审计人员的思维方式。

审计的四性

"灵樨姐,不增加内耗,就是做事要有计划性嘛!高效且自律。"小米说道。

"对,高效确实是对审计人员的要求之一,但不能只顾高效不顾质量,我们在审计过程中面临的对象不尽相同,不管是业务形式还是复杂程度,都会有所差别,但无论外在形式怎么变化,审计要遵循的原则始终如一。我们始终要把合法性放在第一位,如果不合法,一切都是枉然。这就要求审计人员熟悉并时刻关注相关法律法规,及时跟进修订内容。当然,有些时候我们也要懂得借助专业的力量,比如可以咨询专业的法律人士,向他们寻求帮助。"灵樨说道。

"嗯,要学会借力。你经常告诫我们,团队的力量大于个人的力量。"小米总是对专业以外的事记得很牢。

"其次要注意合规,也就是我们在审计过程中要熟悉被审计对象的制度、流程等相关规定，这是我们完成内部审计最基本的要求。我们可以从关注被审计对象有没有相关制度、流程，现有的制度、流程设计是否存在缺陷，是否能适时更新，是否与相关业务相适应，执行是否出现偏差等方面入手。但有一点，一定要注意，不要让自己陷入合规的死循环。"

"我怎么知道自己有没有陷入合规的死循环？"小米的这句话有如灵魂拷问，还真让灵樧愣了一下。

"举个例子吧，假设你现在进入了一家下属企业进行审计，该企业的制度规定，超过50万元的付款项目需要集团主管总经理签字。你在审计时发现，虽然该公司有很多付款项目，但就是没有一笔是超过50万元。检查后你确定这些付款都符合规定，于是你认为整个审计流程就走完了，还得出了该公司没有违规的结论。"灵樧说完停了一下，看着小米和秦明。

"这说明这家企业很守规定。"小米说道。

"你怎么认为？"灵樧问秦明。

"这家公司的业务金额不大。"秦明说道。

"有这个可能。那么，这是凑巧还是巧合？"灵樧接着问道。

"巧合吧。"小米不假思索地答道。

"凑巧和巧合有区别吗？"秦明问道。

"啊？哈哈哈！"

"那么，你们再想一下，这家公司为什么没有一笔单笔金额超过50万元的付款？既然没有单笔金额大于50万元的订单，这家公司为什么还会设置这样的制度规定呢？这符合公司的业务性质吗？"灵樧接着问道。

"会不会是有人故意把大订单拆开了，人为地将付款金额化整为零，从而规避需要找集团总经理签字的规定？"灵樧一步步地抛出问题，以问代答。

"这时,你就要进一步查看,被审计公司是否存在在同一时间向同一供应商高频率、多次付款的情况。然后想一想:同一日期、向同一供应商的付款金额加起来有没有超过50万元?50万元对于这家供应商来说又是否合适?被审计公司与这家供应商发生交易往来的频率高吗?最后,再问一下自己:这项制度合理吗?"灵樨针对这一个事件问出了一系列的问题。

"啊!那这个规定不就是形同虚设吗?"小米惊讶道。

"如果是人为拆分的,这种行为会不会还出现在其他的管理流程中?"秦明想到了这个问题。

"不错,秦明提出的问题的确需要注意。这就是我所说的——我们在审计过程中千万不要陷入合规的死循环,要想一想:符合规定,就完全正确吗?为什么同样一份资料,同样的信息,有的人什么问题都看不出来,而有的人却能发现很多问题呢?"

"我明白了,要比别人多想一步。"小米说道。

"对,审计不仅要心细,还要把眼界打开。除了合法、合规,接下来就是合理了。我们经常会认为,既然都合法合规了,那也一定是合理的。实际上,往往在我们忽视合理性的时候,就会蹦出一些问题来。合理有时比合法和合规更难,因为没有明确的法律条文或者公司制度摆在那里,而且我们经常会被'存在即合理'这样的思维定式蒙蔽,从而给自己的审计结果带来风险。

"最后就是在保证质量的前提下保证效率,帮助企业提升效率和效益。所以,我要再次强调,内部审计的最终目标不是找出问题,也不是做到找不出问题。我们的最终目标是帮助企业更好地经营,这不是一个审计部就能决定的,需要整个公司相互配合。"灵樨说道。

"嗯,不能把什么事都揽在自己的头上,我们审计又不是万能的。"小米还挺会给自己找台阶下。

"那我们是不是要提升自己的分析能力？这样才能更快更好地对找出的问题定性,看它是不是会对企业造成影响。"秦明问道。

"分析是审计程序之一,但不是唯一的,除此之外还需要其他程序的配合。在我们接到审计任务时,并不是一上去就分析,审计是有计划和步骤的。"灵樨说道。

知识小结

审计不仅要心细,还要把眼界打开。审计人员始终要把合法性放在第一位,如果不合法,一切都是枉然。审计人员还要在审计过程中熟悉被审计对象的制度、流程等相关规定,但要注意不要令自己陷入合规的死循环。此外,合理有时往往比合法和合规更难,因为没有明确的法律条文或公司制度摆在那里,而且我们经常会被"存在即合理"这样的思想蒙蔽,养成"习惯成自然"的惯性,从而给自己的审计结果带来风险。最后就是要在保证质量的前提下保证效率,最终帮助企业提升效率,从而提高效益。

制订审计计划

"内部审计并不是盲目的，一般企业会在上一年年末制订下一年度工作计划时，就把公司的审计计划制订出来。在制订审计工作计划时，要明确我们要完成什么样的审计，除了例行审计还要完成多少专项审计，主要的审计方向是什么，重点针对什么进行审计等，这些都是在审计计划中要确定的内容。"灵樨说道。

"对呀！有计划才有方向嘛，不然都不知道往哪儿冲。"小米总是活跃气氛的高手。

"审计计划是审计流程的开始，有了审计计划，我们就可以按照制订的审计计划进行审计准备，然后进入审计实施阶段，再根据审计结果出具审计报告。"灵樨说道。

"知道了，我们忙活就是为了最终的审计报告，只要报告一出，整个审计流程就结束了。"小米听到灵樨说到出具审计报告，立马接话道。

"不要以为出完审计报告我们的审计工作就结束了,还有最重要的后续审计阶段。"灵樔听到小米的话纠正道。"内部审计中最重要的一环就是后续审计,我们需要追踪各单位(被审计对象)的整改情况,这样才算完成了一个审计闭环。"灵樔边说边画,一个简易的审计流程图就出来了(如图2-1所示)。

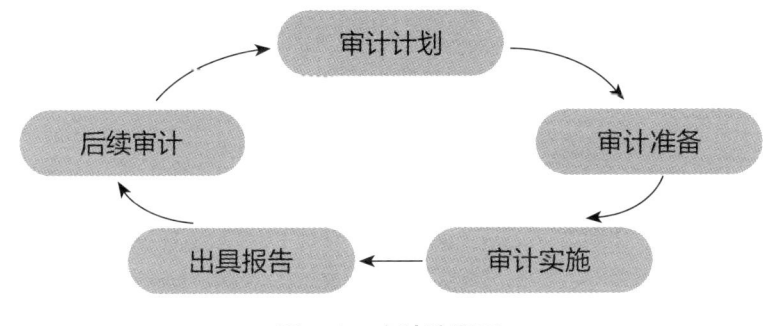

图2-1 审计流程图

"嗯,原来还有后续审计,居然还这么重要?"小米惊讶道,她以为只要出具了审计报告,整个审计过程就结束了。"没有计划就没有方向嘛,要不我们就会像无头苍蝇一样没有目标,有力也使不对地方。"小米转移话题的本事可谓是登峰造极。

"对,这就是我们要制订审计计划的原因,它能帮助我们在审计工作中有一个全局性、整体性的把控。审计计划的内容大致就是我刚才说的,包括审计项目的选择,审计范围和审计重点的确定,审计时间、人员的安排,审计资源的调配,还有审计预算的制定等。一会儿我给你们绘制一个表格,举个例子就明白了。"灵樔接着说道。

"我们的审计计划都是在上一年的年底就制订的吗?"秦明问道,"一般年底是财务最忙的时候,我们审计不是在年初最忙吗?"

"通常情况下，审计计划都是在上一年年底到下一年年初的这段时间制订的，没有局限于必须在年底前制订完成，具体看各个公司自己的设定。比如有的公司的财年不是每年的1月1日至12月31日，而是4月1日至第二年的3月31日。所以审计计划也没有强制在年底前完成，但总的原则是越早越好，不宜太迟。"灵樨说了通常的情况，还可以根据具体情况调整。

"不过有一点要提醒你们，就是审计计划一定要经过审批，还要记得保留审批记录。如果审计计划是在会议上通过的，一定要提醒记录员在会议记录上记上一笔。"灵樨说道。

"咦？这是为什么呀，审计计划不是我们制订完，照着执行就可以了吗？而且这还是我们审计部自己的工作计划。"秦明不解地问道。

"你有没有见过鉴定报告？"灵樨不答反问。

"这个还真没有，我没事鉴定什么呀。"小米吐槽道。

"没见过也没关系，这里有两份鉴定报告，一份是某县鉴定中心出的，一份是国务院某部鉴定中心出的，你们觉得哪个更权威？"

"当然是级别越高的越权威了，这还用问吗？"小米不假思索，脱口而出。

"灵樨姐，这是要给我们的审计计划提高地位吗？"秦明问道。

"不错，通过审批的审计计划，能增加权威性，审批的层级越高，对我们后续的工作开展越有利。除此之外，还能让领导层知道我们都做了些什么，也便于领导层知道我们的工作重点，如果有与领导层关注不一样的地方，也方便我们调整。"灵樨说道。

"这是化被动为主动呀。"小米兴奋地说道。

"这是向上管理。"灵樨补充道，"也是保护我们自身的一种方法。很多时候我们不仅要向下管理,还要向上管理。"

"哈哈哈,我怎么觉得这是给自己找了个'黄马褂'呢。"小米这明显是电视剧看多了的表现。

"我们常说有一个好的方案就是成功的一半,审计计划也是同样。在制订审计计划时,要紧扣'有所突出,合理安排'的特点,不能眉毛胡子一把抓。审计一定要有针对性,拿年度审计计划来说,通常情况下,我们在制订的时候一定会包括审计对象、审计期间、审计范围、审计时间、审计人员、审计预算这几项。比如我们可以设计一张这样的'审计计划表'。"灵棂边说边在草稿纸上画了个表格。

表2-1 审计计划表

编制单位:　　　　　　　　　　　　　　编制时间:　　年　月　日

| 序号 | 年 | | 审计项目 | 审计范围 | 审计期间 | 审计时间 | 审计人员 | 审计预算 | 备注 |
	月	日							

审批人:　　　　　　　　　　　　　　　　编制人:

"这里其实有一个小窍门。我们在编制审计计划表的时候可以遵循'突出加合理'的原则,也就是我们说的'有所突出,合理安排'。"灵棂特意教给他俩一个小窍门,以便之后在制订审计计划表时可以快速抓住重点。

"我知道,突出肯定是突出重点。"小米听到"突出",立马脱口而出。

"不错,知道抓关键词了。"很少听到灵棂批评人,她总是适时鼓励,最大程度地激发小伙伴们的潜能。

"突出重点是审计计划的关键，所以就需要先明确重点，在这个基础上，我们要以风险为导向。切记！可不是以制度为导向。很多审计人员都会盯着被审计对象，看有没有违反规定和制度，却忽视了风险。实际上，审计是抓风险的。也就是说，要把问题想到前面，把工作做到前面。基于风险发生的可能性、项目的重要性、控制的有效性等因素进行评估分析，在评估的过程中我们可以设定一些指标，并根据实际情况把指标量化，进而确定分值，排大小，以方便我们进一步评估。这里需要记住一点，我们设定的指标并不是一成不变的，需要根据实际情况对指标不断地优化、改进。"灵樨说道。

"另外，需要紧扣的一点是审计能否造成重大影响。也就是说，你所选择的审计项目是否会对财务报告、信息披露等产生重大影响，是否有舞弊的可能，是否会影响整个公司的经营发展等，要围绕这些来安排审计项目。除此之外，还要讲究时效性，看审计项目是不是和公司的战略发展方向相符，是不是当下急需解决或改进的。"灵樨对编制审计计划表时需要突出的几个点作了说明。

"可以量化就好办多了，不然凭感觉、凭经验，就不知道要怎么做了。就像教外国人做饭时说'盐适量、糖适量'，这个'适量'就很让人抓狂。"小米吐槽道。

"并不是所有的指标都可以量化，你要有这样的心理准备。"灵樨适时地给小米打了预防针，免得她到时候头痛，"我们建立指标是为了达到客观评估的目的。但我们不可避免地会遇到一些无法量化的指标，这些无法量化的指标是需要根据实际情况和经验去把控的。所以，我们在量化指标的同时，也要结合非量化的指标对审计项目进行控制。有时候，非量化的指标相关的项目还决定了我们要不要将其纳入审计计划。比如公司比较关注某一项目，就会指明让审计部门在当年审计该项目，那么此时你就不需要再使用指标做量化评分表进行评估了，直接将此项目列入年度审计计划即可。"

"嗯，现在都讲究科学方法嘛。速度、高效、精准，不做无谓的浪费。鲁迅先生都说了，'浪费别人的时间等于谋财害命，浪费自己的时间等于慢性自杀'。"小米还说起了名人名言。

"我们最常用的量化指标是财务指标。比如，我们可以将资产规模、营业收入、利润等项目按照重要性进行排名，并给出相应的分值。提示一下，我们的统计口径一定要保持一致，统计口径不同是无法进行有效统计的。"灵槭特意提醒他们注意这些小细节，有时候审计出现偏差甚至失败，问题就出在这些被忽视的小细节上。

"另外，我们可以选用的非财务指标包括是否影响财务报告和信息披露、是否可能产生舞弊、领导任期是否超过3年、前期是否审计出重大问题、审计间隔时间是否超过2年等。通常情况来说，对影响财务报告和信息披露的事项需要重点关注。还有是否可能产生舞弊，这个问题一定要从多角度分析，要知道，可能产生舞弊的项目往往也意味着它存在更高的审计风险。还有领导在任的时间长短，在任时间越长，越可能形成利益小团体，领导人建立起个人权威的概率就越大，这种情形下的被审计对象往往可能会对一些违规行为持默许态度。还有，'有前科'，也就是前期审计出过重大问题的项目或下属企业，审计风险也会增加。通常情况下，该项目或下属企业再次发生问题的概率会增加，而且前期发现的问题越大，后续整改的难度就越高，所以在这一项给出的分值相对也会高一些。但这也不是绝对的，前期审计出重大问题的项目或下属企业也可能经过后续整改已经纠正了问题，所以要综合评判。除此之外，我们也要考虑审计的间隔时间，对于这个问题，我们有一个默认的假设，那就是刚刚经过审计的项目，发生重大风险的概率会比较低，相反，审计间隔时间越长的项目风险则越高。"灵樨顺便列举了几个常用的指标，并一一做了讲解。

"那这个分要怎么评呢？"秦明问道。

"每个项目可以设1~3分的三档分值，对于像任期是否超过3年这种项目可以设0分和1分这样的分值。"灵樨边说边列举了出来。

是否影响财务报告和信息披露：是：1分；否：0分；

是否可能产生舞弊：是：1分；否：0分；

任期是否超过3年：是：1分；否：0分；

前期是否审计出重大问题：是：1分；否0分；

审计间隔时间是否超过2年：是：1分；否0分；

风险发生的可能性：很有可能发生：3分；有可能发生：2分；不太可能发生：1分；

项目的重要性：重要：3分；中等：2分；不重要：1分；

现有的控制是否有效：控制非常有效：1分；控制有效程度一般：2分；控制薄弱：3分。

"另外，为了方便后续工作推进，我们也可以在这个计划表上列出审计重点、人员配置、需要配合的部门等。"灵樨补充道。

"那合理性呢？需要注意什么？"秦明问道。

"一个是合理安排时间。到真正审计的时候你就知道了，时间总是不够用。所以，在制订审计计划时，就要把时间规划好，在什么事情上花费多少时间，心里一定要有数，并且坚决执行。大致上可把时间分成三块，一部分解决重点关注的项目，一部分解决非重点项目和其他部门的事项，剩下的时间就用来处理其他突发事件，比如举报事项、临时交办的事项等。另一个就是合理安排资源，资源包括人力资源，以及企业内外的资源。在人员安排上，需要针对项目，安排匹配的人员，特别是审计人员的能力要与审计的项目所需相匹配，这样才能保质保量地完成任务。而且人多了，浪费资源；人少了，工作排不开。人员的工作量分配不合理，会影响工作效率和效果。所以，在人员安排上，也要做到合理规划。"

"灵樨姐，你前面说我们内部审计不仅仅有财务报告审计，还有很多专项审计、经济审计等，那我们要怎么确定审计对象呢？都是依靠指标计分选择吗？"秦明问道。

"问得好，审计对象的选择是很考验功力的，选得好，事半功倍，有助于审计员及时发现和解决问题，为企业增创减损。选不好，浪费时间精力不说，还不能有效地发挥审计的效用。做审计计划前，你得清楚地知道都有哪些需要审计的潜在对象。比如，需要审计集团公司的下属企业，你就要知道集团下属一共有多少家企业，这些企业的类型、基本业务情况、经营情况、财务状况等信息你都要有所了解。再比如，你要审计公司的项目，你就得知道公司一共有多少项目，每个项目的情况是怎样的。做到心中有数，才能有的放矢。

"评分结果可以帮我们初步选出审计对象，但要最终确定还需要对评估结果进行再评估，因为很可能会出现评分很低但实际很重要的对象，也可能会出现评分很高但风险却并不高的对象。出现这些情况的原因可能是指标设置得不太合理或不够全面。另外，在选择审计对象时，一定要兼顾不同类型、不同规模的下属企业。对于专项审计项目，风险高的和风险低的都要兼顾，不然就会出现审计盲区，该审的没审。对于最终选定的对象，我们可以备注出选择此项对象的原因，以便管理层在审批时明白备选对象的情况。"灵樨说道。

"那我们的审计时间呢，就是上一年吗？"秦明问道。

"你说的是审计覆盖时间，通常是以一年为一个周期，但也会根据实际情况进行调整，不过尽量不要短于一年。通常企业的经营周期就是一年，也就是说，不要短于一个正常的经营周期。选择的期间过短或过长都不好，选择的期间过短，可能会因为所选期间的业务量过少、业务类型不完整或者某些重要的业务根本还没有发生而无法真实、完整地反映企业的经营、财务状况。比如淡旺季比较明显且两极分化的企业，在淡季和旺季表现出来的财务状态就有天壤之别。同时，不同周期的管理侧重点也会不同，如果只是截取一部分，审计效果就会欠佳。如果选取的时间过长，就不能体现出审计的时效性，整个结果滞后。举个例子，如果审计提前发现了挪用公款的事件，是不是就可以早一些减少损失呢？"灵樨解释道。

"另外，在制订审计计划时，审计的时间也需要考虑周详。何时去审，去审多久，都要安排好。前面我们说要合理安排时间，是把整个审计时间分割好，而我们现在说的时间，是要把每一个审计项目的时间安排好。审计时间的长短要与工作量相匹配，如果现场审计时间不够，审计人员可能会因为赶工而省略某些程序，这样就会影响审计质量。而审计时间过长，又会拖拉疲怠，让人产生懈怠心理，影响审计效率。还有审计项目的间隔时间也要适度。我们每个审计项目结束后都要整理工作底稿和审计报告，进行人员培训，另外还要考虑人员休整的时间，避免出现老项目未清、新项目又上这样的'车轮战'，造成人员疲惫不堪，无法集中精力在一个项目上。如果间隔时间过长，则需要较长时间的适应期才能进入状态。"同样是审计时间，不同的情况对时间的安排不尽相同，灵樨对相关情况一一进行了解释说明。

"最后说一下审计预算。"灵樨继续说道。

"我们怎么会有审计预算呢？不都是公司支付工资吗，审计也只是一份岗位职责而已。"小米不解地问道。

"虽然我们是内部审计，但也是有审计预算的。比如我们的差旅支出、请外部专家的费用、向第三方机构支付的费用等，这些都是要在审计计划中制订出来的。"灵樨回答道。

知识小结

　　完成后续审计才算完成了审计闭环。审计计划要突出重点、紧扣影响度并注重时效。财务指标和非财务指标之间要相互配合。还要规划好审计时间，在什么事情上花费多少时间一定要心里有数，并且坚决执行。

内部审计通知书

"审计计划做完,审批也通过了,我们是不是就可以开始审计了?"小米一直急着开始她的审计生涯呢。

"心急吃不了热豆腐,你又不是抓坏人,还想搞突击呢。"秦明打趣道。

"审计计划做完,只是我们自己知道而已。接下来就得制订审计工作实施方案,其中就包括确定审计目标和审计范围,要知道目标就是你的方向,范围就是你的活动半径。因此,审计方案通常包括审计的目的和要求、审计的种类和方法、审计的内容和范围、审计的时间和注意事项等内容。提一下,审计工作实施方案并不是所有项目都需要制定,如果是预计审计时间短、审计目标单一、情况简单的审计项目就可以不用编制审计方案。审计方案的编制也要考虑审计的要求、审计成本效益和可操作性等多种因素。"灵樨说道,"最后在审计前,我们还需要通知被审计对象。"

"那我打电话通知去。"小米说着就要去打电话。

"电话虽然很方便，但是在通知被审计单位这件事上，却不能使用电话通知的方法，我们得给予对方足够的尊重。我们内部审计部门在审计前要正式向被审计单位发出一份《内部审计通知书》，通知被审计单位将要审计的时间、审计目的和要求、审计内容和范围、人员安排、审计方式等，并要求被审计单位及时准备相关的文件、报表和其他资料，告知需要配合的相关事项，如果需要提供的资料清单太多，也可以作为通知的附件一并下发。也方便被审计对象提前安排自己的时间。为了提高工作效率，我们通常会把需要在进场前提供的资料和进场后提供的资料分开标注。另外，我们也会要求被审计单位提前提供电子版资料，如被审计单位的组织架构图、财务数据、业务台账、合同清单、供应商名单等数据资料；主营业务收入、其他业务收入、业务占比等业务状况；相关的规章制度、流程规范等资料，以方便我们做好进场前的分析工作。"灵樨说道。

"还要发通知书呀，这不是让对方提前做好准备吗？"显然小米所说的"准备"和灵樨所指的"准备"是两个意思。

"所以，就要把控好时间，一般我们会提前1—2周的时间将《内部审计通知书》下发给被审计单位。通知得太早，被审计单位就会有充足的时间进行准备，还会搞一些名目'自查'，结果你去了之后就会发现，什么问题都没有，人家早都自查自纠完了；通知得太晚，比如早上发出通知，下午就去审计，被审计单位的工作可能会安排不开，这样我们在整个审计过程中就得不到很好的配合，即使最终完成了审计工作，但整个审计过程都会是磕磕绊绊的。另外，也要尽可能避开对方的忙季，如期末结账日、集中兑付日、大型活动日等较忙的时间段，这些时候对方可能会因人力、时间不够无法配合审计工作。我们也要为对方考虑，给对方充足的时间安排好审计的配合工作，避免影响对方的正常工作。但是，如果是针对舞弊等的特殊审计，不适用于提前通知的审计项目，是不需要下发审计通知书的。"灵樭说道，"《内部审计通知书》一般是这样的。"

内部审计通知书

_____公司/项目部

　　根据公司审计委员会批准，公司审计部将于×年×月×日至×年×月×日对你公司×部门进行××年度××××内部审计工作，请在接到审计部门工作人员通知后尽快完成准备工作并提前进行工作安排。

　　请相关部门对审计工作予以配合。

××××公司
年　　月　　日

　　"《内部审计通知书》要一式两份，被审计单位收到后由单位负责人签字并盖章后返回内部审计部门一份，表示我们已经通知到位，对方也已经知晓此事了。"灵樭接着说道。

　　"一定要单位负责人签字吗？"秦明问道。

　　"让单位负责人签字并盖章的目的是保障整个审计过程的顺利进行，如果只是交给财务人员或者行政人员，很可能会得不到对方的配合，或者因为种种原因无法传达给负责人，那我们的工作就会很被动。另外，是

《内部审计通知书》署名的问题，对内部审计地位不高、内部控制文化不强的企业来说，要尽量避免以自己部门的形式发，最好以公司的名义发。如果审计部门在组织架构中的地位不高或者部门负责人的级别不够高，还以部门的名义发审计通知书，很可能根本无法引起被审计对象的重视，造成对方在工作上不配合，从而影响我们的审计效率。"灵樨说道。

"那这段时间我们要做什么？是不是也要进行准备？"小米终于有了进入状态的意思了。

"对，实际上这段时间也是我们的准备时间，我们可以对对方发送的资料以及我们之前收集到的资料进行初步分析，建立起对被审计单位的初步认识。也就是说，要先知道对方是干什么的，经营情况怎么样，都有哪些制度流程等。然后根据我们获得的相关财务数据、业务数据等进行初步分析，选出一些异常的地方，这样进场后就可以着重对异常的地方进行初步审计，再根据现场的实际情况进行分析调整，以便提高我们的审计效率。"灵樨说道，"实际上，要了解一家公司，最重要的就是将它的现金流和业务流抓住，这些信息抓住了，想明白了，你就对这家公司了如指掌了。"

"原来有这么多准备工作要做呀！"小米还以为审计就是直接进驻现场工作呢。

"即使进场，我们也不是立马就要开始工作，这里我有一个经验之谈。进场当天一定要开一个碰头会，除了审计项目组的成员，还要请对方的相关部门负责人员、对方单位负责人等相关人员一起参会，如果单位负责人不能参加，也要建议他们安排一个代表参加，尤其是以后要对报告作出答复的管理人员一定要参会。在这个碰头会上，要把我们的审计目标、大致范围、审计中会涉及的程序、审计时间安排、要求提供的资料和帮助，以及其他为完成审计任务所做的具体安排和要求等进行说明，通过这个碰头会，也能让对方了解我们的审计工作及流程，以免因为不理解而对之后审计工作的推进造成影响。介绍的时候不妨告诉被审计单位公司领导层对此次审计的重视及授意。这样做的好处还有一个，就是避免对方在审计过程中的故意刁难。

"同时，我们也应该了解对方管理人员关心的问题，比如他们对实际工作中存在的问题的看法，还有对本次审计工作所持的态度等。除此之外，还要对被审计单位的经营目标、内部控制、财务会计等方面的问题交流意见。要知道，我们所要收集的大部分资料和信息都来源于管理部门的管理人员，所以要围绕着我们想要了解的问题进行讨论，听听他们对这些问题的看法和意见。这样可以帮助我们更进一步地了解有关计划、控制系统、业绩标准的制定和修订，经营管理状况和财务会计等方面的情况，同时也能让我们了解到管理人员已经意识到的问题以及他们想要得到的帮助。

"我们常说第一印象很重要，这个碰头会就是我们与被审计单位的初次见面会议。一定要多听、多问，提出一些具体的、有针对性的问题，既要显示我们的专业素质，也要保持谦虚、踏实的作风，专业性与客观性都要展现出来，这样也有助于消除对方可能存在的抵触情绪，最大程度地争取对方的支持和帮助。切记，一定要避免给人一种'我们是来审计你们的'这样高高在上的态度，否则会适得其反。"灵樨把工作中可能遇到的问题以及防范方法都教给了小米和秦明。

"灵樨姐，我就爱你的这些小窍门，如果让我们自己做，还不知道要碰多少次壁，才能想到可以通过开一个碰头会，把问题提前解决呢！"小米嘴甜的功夫见长。

知识小结

在通知被审计单位这件事上，一定要展示出自己的礼貌，给予对方足够的尊重。在审计前要正式向被审计单位发出一份《内部审计通知书》。发出时间也要把控好，一般会提前1—2周的时间进行通知。进场当天一定要开一个碰头会，除了审计项目组的成员以外，还要请对方相关部门的负责人员、对方单位负责人等一起参会，如果单位负责人不能参加，也要建议他们安排一个代表参加，尤其是以后要对报告作出答复的管理人员一定要参会。

审计方法

"你这嘴呀,真是越来越甜了。"灵樨笑着。

"灵樨姐,我们审计也是有方法的吧?要怎么获得审计证据呢?"秦明没有像小米一样着急去现场审计,而是在扎扎实实地弄清审计的基本功。

"审计确实有一些方法,比如检查方法、调查方法、分析方法、抽样方法等,我们获取审计证据的方法无外乎也是这些。"

"快说!快说!"小米一听灵樨要讲审计方法,又来了精神。

"先说一下检查方法吧。检查方法也就是我们所说的查账方法,就是对被审计单位的财务报表、会计账簿、会计凭证的记录和财务收支活动,以及经营计划、预算、决策等进行检查的一种方法。主要查看内容上是否真实、合法,形式上是否全面、合理,各要素是否填制齐全等。通常使用的有顺查法、逆查法、交叉法、抽查法、详查法、核对法、审阅法等。

"所谓顺查法,也就是顺着经济活动发生的顺序进行审查的一种方法。在财务上，做账的顺序是根据表现经济活动的单据制作会计凭证，根据会计凭证登记会计账簿，再根据会计账簿编制财务报表。顺查法也是同样的顺序，从证到账，也就是先审阅会计核算的原始凭证并核对相应的记账凭证，再审阅会计核算的记账凭证并核对会计账簿，而后审阅总账和明细账并核对财务报表，最后审阅和分析财务报表，得出审计结果。

"逆查法则刚好和顺查法相反，是从账到证的顺序。也就是说，是从审阅财务报表开始，到会计账簿，再到会计凭证，最后到原始凭证的过程。具体操作是审阅财务报表并核对比较异常项目，将财务报表与总账、明细账相核对。审阅会计账簿并与会计凭证相核对，最后是审阅和分析会计凭证以及原始凭证，最终得出审计结果。

"交叉法顾名思义就是多种方法交叉使用的，是根据审计对象的变化和审计项目的难易程度，灵活运用顺查法、逆查法等各种方法进行检查的一种方法。交叉法对审计人员的能力要求很高，因为它主要依靠审计人员的主观判断，在众多的审计资料面前要凭借自己丰富的经验，灵活选择审查切口，而后根据情况进行延伸审计，这样审查的有效程度会比较高，节省时间不说，也能全面深入地解决问题，同时，适用范围也比较广。

"抽查法是通过各种抽取样本的方法，抽取少数样本进行审计，再根据抽查的样本推断总体的一种方法。抽查法也是我们常用的一种方法，因为工作效率高，因此在被审计单位审计资料较多的情况下被广泛使用，但是它有一个致命的缺点就是审计风险高，如果遇到判断或计算失误，会对整个审计结果造成极大的损失。

"详查法与抽查法相反，它要求审计人员对审计过程所涉及的所有资料进行全面而详细的检查，包括财务资料及非财务资料。如果是被审计单位的审计资料较少，业务简单，或者是根据审计项目的要求必须使用详查法时，一般这种时候会使用详查法进行审计。比如检查有形资产的时候，详查法可以确定实物资产是否真实存在，是否完整无缺，是否有冷背残次、是否属于被审计单位等情况，可以将其数量、状况、质量、所有权等都囊括进去。

"另外还有核对法和审阅法。核对法是对会计记录及其相关资料中两处或两处以上的同一数据或相关数据相互比对，进而相互验证与计算的一种方法。和财务上的账账相对、账实相对、账证相对是一个道理。目的就是查明账、证、表之间是否相符，进而证实被审计单位的财务状况和经营成果是否真实、正确且合法。核对的时候不仅要看相关的日期和金额，还要比对经济内容，避免粗心大意把相同金额的不同项目混淆。"灵樰边说边列举了需要核对的项目与内容：

原始凭证vs记账凭证：核对所附原始凭证与记账凭证的内容、金额、日期等是否相符，会计科目与经济业务内容是否相符，原始凭证内容和要素是否齐全、合理。

记账凭证vs会计账簿：核对会计凭证的日期、金额、会计科目以及明细科目与会计账簿记录的是否一致。所记方向是否一致。

总分类账vs明细分类账：核对账户的期初余额、本期发生额、期末余额是否相符。

账簿vs财务报表：以总分类账或明细分类账的期末余额或本期发生额为依据，核对账户记录同有关报表项目是否相符。

财务报表vs财务报表：核对财务报表是否按照有关财务制度、会计准则的要求编制，报表之间的勾稽关系是否正确。

"审阅法是通过查阅会计凭证、会计账簿、财务报表等财务资料和其他经济业务资料，检查会计记录以及相关的经济业务的一种方法。我们在审查会计凭证和账簿以及财务报表时，要分别对其进行审查。比如审查会计凭证时，要注意检查原始凭证上的户名、日期、单价、数量、金额、业务内容、签字等是否齐全、正确，有无被涂改的迹象；地址、印章、账户等是否清晰完整、有无遮盖、涂抹；经济业务是否合理、合法等。检查记账凭证上记载的内容是否完整，正确；科目是否运用正确；摘要及内容是否与原始凭证反映的内容相符；附件内容与数量是否正确；是否装订规范等。再比如审查会计账簿时，要注意检查资产、负债等各类账户的情况，通过期初余额与本期发生额以及期末余额的审查，查看收支是否有重复、核算错误等情况，方向是否错误，费用开支是否有违反规定的地方。另外，对财务报表的审查，主要是审查各个报表中的内容是否真实准确，报表内以及报表间的关系是否正常，主表与附表之间的关系是否正常等。通常我们可以将核对法和审阅法同时进行，在审阅的同时进行核对，这样会提高我们的审计效率。"灵樨对内部审计的检查方法做了介绍。

"感觉好像是三对呢，顺查法与逆查法，详查法与抽查法，核对法与审阅法，外加一个交叉法，三加一。"小米这样总结，还真挺贴切。

"接下来说一下内部审计的调查方法吧。审计调查主要是通过调查询问的形式来获取审计证据。通常情况下，我们获取审计证据的方法大致有观察、检查、询问、函证、盘查、重新计算、重新执行、分析等。检查方法我们上面已经说了，就不再重复。观察实际上就是'看'，到现场进行实地观察检查，内部审计人员对被审计单位的经营场所、实物资产和有关业务活动及内部控制的执行情况进行实地查看。比如我们去观察财务部门，了解的是人员的分工，以及各项职责的履行情况。但我们要知道的是，这种观察通常都需要其他证据相佐证，因为它仅代表你观察到的某一个时刻。就好比我们在上学的时候，班主任总是会在后门悄悄地观察自习课上的情况，此时观察到的仅代表观察的那个时间点自习课的情况，并不代表自习课所有时间的情况。"灵樨说道。

"哈哈哈，这个比喻好恰当，我们的晚自习都是在发现老师的那一刻特别安静。"小米说道。

"询问是内部审计人员向被审计单位的有关人员进行书面或口头询问，以获取审计证据的方法。我们在审计过程中只要遇到一些疑难问题，需要询问的，都会采用这种方法进行了解。口头询问获得答案后，尽量让对方进行确认。但我们都知道口头答复的可信度不高，因此，我们需要向多方人员进行询问，并进行比较验证。同时，因为被询问人员的主观性和随意性比较强，询问取得的证据可靠性较弱，不要盲目信任，还需进一步进行调查、判断审计证据的真实性和可靠性。

"询问时，我们一般可以分成五步走，首先确定需要了解的问题，其次确定需要询问的对象，然后向被询问人明确提出想要询问的问题，之后谨慎地评价询问答复的结果，并将其与其他相关资料进行比较，评价其真实及可靠程度，最后才能得出审计结论。

"函证可以说是我们的法宝，通过函证获取的审计证据，其可靠程度是非常高的，这主要是因为函证是通过被审计单位之外的独立第三方，对有关信息和现存状况的声明,所获取的一种外部审计证据。函证通常适用于应收账款、应收票据、应付账款、银行存款等项目的查证,是对被审计单位债权债务以及货币资金状态审计的必要手段。函证有积极式函证和消极式函证。但是函证最致命的一点是审计人员必须保证对函证的全过程控制,后面在使用时我会详说。

"盘查法主要运用于实物资产,比如对货币、存货以及固定资产等进行实地盘点。通过账簿与实物、报表与实物、凭证与实物,以及卡片账与实物等的核对,查明各项实物是否与记录相符,有无存在毁损、短缺、变质、积压、偷盗等问题,同时也能检查被审计单位对内部控制以及管理制度是否健全有效等。

"重新计算是内部审计人员通过人工或计算机辅助等审计技术,对记录或文件中数据计算的准确性进行核对的一种方法。也就是说,被审计单位的凭证、账簿、报表上的数是怎么来的,是怎么计算得出的,我们不要轻信,要自己再算一遍,即使是汇总数,也要横着加、竖着加地算一遍。计算时,采用的政策和选定的方法要和被审计单位一样,但计算顺序或者形式可以不同。比如审核固定资产折旧时,被审计单位采用的是平均年限法,那我们就不能采用年数总和法。计算时,要先审核计提折旧的范围、使用年限、净残值率等信息,然后按照收集的有关数据进行计算。再比如我们对数据重新加总计算时,可以横向加总,也可以竖向加总,当我们对账簿的借、贷、余额进行横向加总时,验证的是借、贷、余三栏金额的正确性;竖向加总时,我们验证的是合计数、累计数的正确性。

"重新执行是指内部审计人员独立执行被审计单位内部控制组成部分的程序。和重新计算差不多,都是把对方做过的重新做一遍,程序再重新走一遍，以查看对方的内部控制是否有效。

"分析程序是内部审计人员通过分析不同财务数据之间以及财务数据与非财务数据之间的内在关系，对财务信息做出评价的方法。分析的目的是发现异常波动，如果发现有重大异常波动，我们就需要进一步采取其他审计程序，必要时，也可以根据情况对数据不一致的关系或与预期值差异重大的波动进行调查。

"除了这些常规方法，还有一个习惯我希望你们可以养成，那就是随时准备好你们的小本子，把你们通过审计调查方法收集到的问题都记录下来，形成一个备忘录，以便作为日后工作中的参考。格式可以自己设定，怎么方便怎么来，把审计的项目、时间、地点、人员以及事由等要素写清楚就行。"灵樨边说边把审计备忘录的格式列了出来。

审计备忘录

审计项目：

审计时间：

审计地点：

审计人员：

审计事由：

备注：

"哈哈哈，万能的小本子，秦明你不知道，灵樨姐之前就让我们养成记录的习惯，这个方法真是好，好记性不如烂笔头，随时记录。"小米说着拿出了她的红色笔记本让秦明看。

"接下来说一下审计分析的方法。审计分析的方法有科目分析法、比较分析法、比率分析法和趋势分析法。科目分析法根据会计准则或行业会计制度等规定，通过选择借方或贷方科目编制对照表来登记对应科目，查明对应关系是否正确、发生额和余额是否正确，以及科目的选择是否符合规律性，并且分析造成错误的原因，主要适用于容易发生错误以及舞弊的会计科目。另外，在分析会计科目时，摘要是不能忽视的重要组成部分，如果摘要和科目不相符，甚至没有摘要，就要进一步往下调查。

"比较分析法是利用审计事项之间的联系，进行相互比较的方法。通过比较分析可以了解、分析审计事项的各种情况，这些情况有助于我们发现问题，找出差异，研究差异产生的原因及其影响程度。比较分析法使用的基本前提是数据之间的关系，因此我们使用比较分析法时，要注意分析指标的可行性以及合理性。也就是说，我们要对收集到的数据之间存在的关系进行分析，即分析财务信息内部、财务信息与相关非财务信息之间存在的相关性和勾稽关系。比如存货与应付账款之间的关系、存货与生产能力之间的关系等，这些可以反映存货总额的合理性。你们看，单一个存货就会涉及财务信息内部、财务信息与非财务信息之间的关系。

"通常，我们有几个常用的比较形式，比如将实际数据与预算数据相比较，借以发现实际数据与预算数据之间的差异，然后分析原因。分析时也要注意被审计单位内部和外部的相关变化。或者将本期数据与上期数据、历史数据相比较，进而判断本期指标是否存在异常。或者与同业之间相比较，判断被审计单位的数据指标是否正常。或者将期末余额与期初余额相比较，分析数据的变化是否正常。也可以将自己的预期与财务报表上反映的数据或比率相比较,分析是否存在异常。

"比率分析法是利用指标之间的比例关系进行分析的一种方法。相较于可以直接进行比较的方法,比率分析法需要将指标进行计算,得出比率后,利用其比率数值进行分析。比如利用两个性质不同但又相关的指标加以对比分析,如销售利润率,就是拿企业利润总额与销售收入的比率进行分析的。除了财务指标,还有经济指标可以进行比率分析,比如劳动生产率,就是从产值与员工情况进行分析,来观察劳动生产率变化对产值的影响。

"另外,还有通过计算各个指标占总体指标的比重来进行分析,以及将不同时期同类指标的数值进行对比分析的情况,如环比比率分析,即将分析期(如今年)各个时期的数据同上一期数据进行对比,进而计算其增减比率。又如同比比率分析,即将分析期(如今年)与去年同期的数据进行比较分析。

"趋势分析法是利用数据呈时间顺序排列的特征进行分析、评测的一种方法。趋势分析可以用于前景预测。常用的有长期趋势分析和季节性趋势分析,我们可以使用趋势分析来寻找规律性。

"除了分析方法,还有审计的抽样方法。审计抽样是我们最常用的一种获取审计证据的方法。它是从特定审计对象总体中抽取部分样本进行审查,并根据审查结果来推断总体的方法。但必须知道的是,并不是所有的审计程序都可以进行审计抽样。比如实质性分析程序,以及对没有留下运行轨迹的控制的运行有效性实施测试时,就不适用这种方法。我们使用的审计抽样的方法可分为统计抽样方法和非统计抽样方法。统计抽样方法有两个特征,也就是随机性和概率性,随机选取样本项目和运用概率论评价样本结果，所以也有人称之为随机抽样或概率抽样。不具备随机和概率性这两个特征的就是非统计抽样，但不管是统计抽样还是非统计抽样，我们内部审计人员在设计、选取和评价样本时都需要运用职业判断，在选择时，我们主要考虑的是成本效益。"灵樨一口气把审计方法都说了。

知识小结

　　审计方法就是审计人员的十八般武艺，通常可以通过检查方法、调查方法、分析方法、抽样方法等来帮助我们获取审计证据。除了这些常规方法，还要养成随时记录的习惯，把通过审计调查方法收集到的问题都记录下来，形成一个备忘录，以便作为日后工作的参考。

审计证据

"灵樨姐,我们做这些都是要获取审计证据,哪些可以算作是审计证据呢?我们要复印被审计单位的会计凭证吗?"秦明问道。

"必要时是需要复印的。审计证据是我们为了得出审计结论、形成审计意见使用的所有信息,包括会计信息和其他信息。注意这里我说的是'和'而不是'或',也就是不管是会计信息还是非会计信息,只要用得着的都可以算作审计证据。

"你说的复印会计凭证,实际上是书面证据,也就是以书面形式存在并证明审计事项的证据,另外还有以实物形态存在并证明审计事项的实物证据,以录音录像或者计算机储存、处理的证明审计事项的视听资料或其他介质的材料,还有与审计事项有关的人员提供的证明材料,以及独立第三方的专门机构或人员提供的鉴定结论或勘验笔录等。"灵樨回答道。

"哈哈哈,那我可要注意审计过程中的只言片语了,这些都是可以用作证据的。"小米听到证据就兴奋。

"灵樨姐，我们在收集这些审计证据时，有没有需要注意的点？"秦明问道。

"有。比如，不是所有的资料你都可以去复印，不能复印的时候也可以通过拍照、录视频、摘录文字、扫描、转储、下载等方式取得。对于收集的实物证据，你需要注明实物的所有权人、实物的实际提供者、数量、存放地点、存放方式等信息。如果是视听资料或电子数据，也要标上制作方法、制作时间、制作人，以及电子数据资料的运作环境、运行系统、存放方式和存放地点等，有需要转换成书面形式时，也可以将其转换成书面形式，但也需要标明这些信息。如果是有关人员提供的证明材料，我们要特别注意有没有证据提供者的签字或盖章，如果确实不能提供签字或盖章的，就要标注原因，这是不影响事实存在的，该审计证据依然有效。如果是从第三方获取的鉴定结论或勘验笔录，就要标注上鉴定或勘验的事项、向鉴定人或勘验人提交的相关资料、鉴定人或勘验人的资格资质等。

"实际上，所有的这些都是为了保障审计证据的充分性和适当性，也就是既要保质，又要保量。我们审计人员的任何一个疏忽，都有可能增加审计风险，提高审计成本，严重的情况下甚至会导致整个审计项目的失败。"灵樨说道。

"嗯，关键的审计证据如果有差错，那我们岂不是白忙活了。"小米对审计证据难得这么上心。

"白忙活还是好的，如果该往东你却往西了，那能到目的地吗？"秦明总觉得小米不认真，调皮捣蛋她最在行。

"灵樨姐，地球不是圆的吗？"小米捣蛋地问道。

"哈哈哈哈哈。"

大家都被小米逗乐了。

> **知识小结**
>
> 审计证据是我们为了得出审计结论、形成审计意见使用的所有信息，包括会计信息和其他信息。审计证据既要保质，又要保量。审计人员的任何一个疏忽，都有可能增加审计风险，提高审计成本，严重的情况下甚至会导致整个审计项目的失败。

后续审计

"灵槭姐,那我们后续审计的时候也需要这些审计程序吗?还要审计证据吗?"小米一听到笑声,立马转换了话题,很认真地问道。

"我们前面说要完成一个审计闭环,就必须有后续审计。但后续审计并不是要把前面审计时进行的审计程序全走一遍,而是为了就被审计单位针对审计过程中发现的问题纠正以及改进的效果进行审查和评价。因此我们后续审计最重要的就是对审计整改情况的跟踪和统计。"灵槭说道。

"后续审计一般在审计报告发出后隔一段时间进行,整个后续审计最主要的就是审计整改,如果只是有审计发现问题和审计建议,而缺少审计整改,那么实际上整个审计过程是没有走完的。就好像你学习了,也做了测试题,但做完就结束了,这样根本无法体现你学习的结果。测试题是做完了,但你错在哪里?为什么错?改正了吗?改正后有没有记住?以后还会不会继续错?这些都是学习的过程。只是做了题,仅仅完成了学习过程的一半。"灵樨特别强调审计整改，并举例帮助小米他们俩理解。

"审计整改可以说是整个审计过程中最大的痛处，很多时候，前期的审计很顺利，审计报告对方也接受，但一提到审计整改，对方就仿佛从来没有被审计过一样，找不到人，整改不到位，还有可能进入年年改、年年审、年年犯、年年再改的循环。这样往返几次，就会让管理层生疑，怎么年年审计都是这些问题，到底是真有问题，还是审计人员没有发现问题在故意找问题？会给审计人员一种强烈的挫败感。"灵樨说道。

"错误犯的次数多了，就不认为是错误了。"小米说道。

"不要一味地指责对方，有些审计整改不到位并不是被审计单位的问题，这个你们要清楚。要知道，审计整改不到位的原因可能是多方面的，比如审计建议不够落地，导致无法实施，也会造成审计整改不到位。再比如整改的责任主体不明确，就会造成涉及的各个部门之间相互扯皮推诿，最终也会导致审计整改不到位。还有比如审计整改的主体部门不愿意打破自己的利益状况，或者整改起来成本过高，获益比不大，对方就不会积极履行职责，这也会造成审计整改不到位。从这些方面看，审计整改最终能否顺利推进，还需要我们内部审计人员的积极配合与推进。"灵樨解释道。

"那我们应该怎么做？腿勤嘴甜跟紧些，推进整改落地可以吗？"小米问道。

"首先，需要提高自身的业务能力，这都是老生常谈了；其次，在做后续审计安排时也需要考虑审计整改措施的复杂性，以及整改失败可能产生的影响、落实整改措施所需要的时间和成本、被审计单位的自身业务和时间安排等。

"除此之外，还应该多从业务的角度出发，提出更完善、更合理的审计建议。但是光是这些成效也不一定大，可以考虑从经济效益出发，毕竟当涉及自身利益的时候，大家都会比较重视。比如我们可以将审计的整改情况和部门绩效考核挂钩，从而推动整改。另外我们也可以制作一个审计整改台账，帮助我们推进审计整改。"灵楳说道。

"审计整改台账是什么样子的？"小米不懂就问，精神可嘉。

"台账可以根据具体情况设置，并没有固定格式，只要把审计项目及后续整改情况写清楚就行。"灵楳一边说，一边列出了后续审计整改情况完成表。

表 2-2　后续审计整改情况完成表

项目名称	报告编号	审计发现问题简述	影响情况	影响金额	风险重要性水平	审计建议	具体整改措施	预计整改时间	整改责任部门（人）	整改完成进度	到期未整改原因	备注

"后续整改也需要发出通知书吗？"小米问道。

"需要，在出具审计报告后一段时间，需要向被审计单位发出后续审计通知书，把审计中提出的问题一一列示，然后根据后续审计情况进行查看整改情况。比如审计报告中提到有会计处理的问题，我们就需要看被审计单位是否已经做出修改，修改后的会计凭证、会计账簿等都需要查看，并复印保存。如果有提出固定资产的问题，就需要实地查看。完成后续审计后，还需要根据后续审计的实施过程和结果编制后续审计报告。"

"知道了，审计报告并不是终点，还很有可能是起点。"小米感慨道。

知识小结

审计报告并不是终点，还很有可能是起点。首先要提高自身的业务能力；其次在做后续审计安排时也需要考虑审计整改措施的复杂性，以及整改失败可能产生的影响、落实整改措施所需要的时间和成本、被审计单位的自身业务和时间安排等。除此之外，还应该多从业务的角度出发提出更完善、更合理的审计建议。

03

内部审计审什么

货币资金审计

"小米,你的愿望可以实现了!听说我们有一个项目要审。"一大早,秦明就对小米八卦道。

"真的吗?什么项目?"

"好像是一个临时项目。"

"灵樨姐,我们审计都审什么呀?"小米看到了灵樨,本来她想问"是什么临时审计项目",临了又转了话头,看来小米稳重多了。

"还记得我们前面说的企业的业务流和现金流吗?企业的经营是从现金到现金的过程,这中间会发生很多经济业务,这些经济业务之间又是相互关联的。鉴于此,通常我们会把企业的经济业务分成几大循环,也就是销售与收款循环、采购与付款循环、生产与存货循环、投资与筹资循环、人力资源与薪酬循环等。在这些循环中,既涉及报表的账户,又涉及经济业务,紧密联系的各类经济业务和账户余额被归入同一循环中,我们称其为'循环法'。这种方法更符合被审计单位的业务流程和内部控制设计的实际情况，不仅可以加深审计人员对被审计单位经济业务的理解，也能将业务循环中涉及的财务报表项目分配给一个或多个审计人员，从而提高工作效率。但是循环法并不是固定的，即使是同一家被审计单位，不同的审计人员所划分的循环都不尽相同。"灵樾回答道。

"会影响审计效果吗？"小米听到每个人的划分方法都不相同，担心会不会因为不同的划分方法，导致最终的审计结果不同。

"如果单纯是因为业务循环的划分不同，导致不同的审计结果，这个担心大可不必。你可以根据自己的经验以及被审计单位的实际情况，还有你对被审计单位的了解程度等因素自己划分。但不管你如何划分，都要保证获取充分且适当的审计证据，这是我们最终出具审计报告的主要依据。

"实际上，每个业务循环都和财务报表上的项目是对应的，按照各财务报表项目与业务循环的相关程度，我们可以找到业务循环与其所涉及的财务报表之间的对应关系。比如销售与收款循环，对应的就是资产负债表中的应收票据、应收账款、应收账款融资、合同资产、长期应收款、预收款项、应交税费、合同负债，而在利润表中，对应的就是营业收入以及税金附加项目。同样，采购与付款循环对应的是资产负债表中的预付账款、持有待售资产、固定资产、在建工程、生产性生物资产、油气资产、无形资产、开发支出、长期待摊费用、应付票据、应付账款、持有待售负债、租赁负债、长期应付款，对应利润表中的销售费用、管理费用、研发费用和其他收益。另外，生产与存货循环对应着资产负债表中的存货和利润表中的营业成本。人力资源与薪酬循环对应着资产负债表中的应付职工薪酬和利润表中的营业成本、销售费用和管理费用。投资与筹资循环因为涉及的业务模式不同，会涉及不同的项目，因此对应的项目比较广，比如会对应资产负债表中的交易性金融资产、衍生金融资产、其他应收款、其他流动资产、债权投资、其他债权投资、长期股权投资、其他权益工具投资、其他非流动金融资产、投资性房地产、商誉、递延所得税资产、短期借款、交易性金融负债、衍生金融负债、其他应付款、长期借款、应付债券、预计负债、递延收益、递延所得税负债、实收资本、其他权益工具、资本公积、其他综合收益、专项储备、盈余公积、未分配利润，对应利润表中的财务费用、资产减值损失、信用减值损失、投资收益、净敞口套期收益、公允价值变动收益、资产处置收益、营业外收入、营业外支出、所得税费用。"灵樨解释道。

"哇，好多呀！"小米看到这些报表项目就头晕。

"看着很多，但它们并不是无序的，从财务会计的角度来看，这些业务循环实际上也就是企业在发生经济业务时涉及的会计凭证处理。比如说销售与收款循环，企业要发生销售事项，是不是就增加了营业收入，相应地就要产生税金，如果是现货交易，就对应货币资金，但如果是赊销，自然涉及的就是应收账款、应收票据、长期应收款、预收账款、合同资产、合同负债等科目。我们在做会计凭证时，这些都是会计科目，等到汇总填制财务报表时，就要将所涉及的会计科目汇总填报在报表项目中，有些报表项目还是根据多个会计科目填列的。

"别看我们将这些交易和账户切割成了多个业务循环，这并不代表这些业务循环是独立、互不关联的。你心里要时刻记得企业的业务流是怎样运转的。要知道业务流是会涉及多个循环的，比如说投资和筹资循环就和采购与付款循环紧密联系，我们使用筹资来获取资金，将筹集到的资金投入公司运营，采购生产所需的必需品。同时，生产与存货循环又和其他所有业务循环都紧密相连。"灵樨说道。

"灵樨姐，你常说企业的经营离不开现金，也说过要想掌握一家企业，就必须把这家企业的现金流想明白，这些业务循环都和现金流相关，那现金流要怎么审计呢？"秦明想到了现金流的问题。

"现金流贯穿了整个经营过程，我们知道企业的经济业务是从现金到现金的过程，因此，整个现金流与多个业务循环都密不可分，而划分的每个业务循环都有其自身的侧重点。而且，现金流和内部控制又有着不同于其他循环和其他财务报表项目的特点，所以我们把现金流的审计单独拿出来，称其为货币资金审计。

"这里所说的货币资金不仅包括现金和银行存款，还包括其他货币资金，比如支付宝、微信、存单、贷款等。货币资金是企业流动性最强的一种资产，主要来源于股东的投入、债权人的借款、企业经营的积累等，其重要程度就不用再强调了。企业从开门做生意，注入资金到生产、销售、收回资金，最后产生利润，整个企业的资金都是循环往复的，这个过程也就是资金的周转过程。因此，货币资金关系着企业经营的全过程。"灵樨说道。

"货币资金涉及的面这么多，我们从哪里下手呀？"小米问道。

"还记得我前面说让你们收集审计资料吗？最方便获得的审计资料是什么？"灵樨问道。

"当然是会计资料了，报表、凭证、账簿之类的。"

"那货币资金涉及的会计资料都有什么？"灵樨继续问道。

"现金和银行存款明细账、银行存款余额调节表、现金盘点表、银行对账单,也就这些吧。"小米说道。

"是不是用我们前面说的获取审计证据的方法对这些会计记录、单据等进行审计?"秦明问道。

"对。询问、观察、检查、重新执行。"灵樨说道。"在询问时,我们可以提前列出需要询问的对象以及要向他们问的问题。比如问销售部门是否有代收货款的情况;问财务人员是否有提供对外担保、银行对账单由谁去获取等。每一个问题的背后都有其用意。"灵樨说道。

"什么用意呀?"小米只觉得一问一答就是在打发时间,特别像明星访谈的Q&A,问和答都毫无意义,双方都在应付。

"比如问销售部门是否有代收货款的情况,背后是要了解被审计单位对货款是如何管理的,如果有销售人员代收货款,那么就要'拉响警报',注意有没有舞弊的可能。问财务人员是否有提供对外担保,目的是要知道被审计单位的资金使用情况。如果有对外担保,担保的途径、对象、审批程序都是什么?是有息担保还是无息担保?对应的财务费用有没有体现?如果是无息担保,就要在脑子里问一个为什么。这些都是要通过这一个问题去解决的延伸审计。再问问银行对账单是由谁去获取的,目的是了解被审计单位的岗位职责是否分离,背后体现的是内部控制是否有效等。所以问题不是白问的,每个问题都是有目的的。"灵樨说道。

"听着好像警察拉家常呀,每一句话都是套路,不知不觉就把人摸清了。"小米这才明白灵樨以前总说让她学会问问题,原来会提问这么重要。

"那我们都要问什么呀,一时半会儿还真想不出来问题。"小米实际上也很会问问题。

"这些问题你可以记下。"灵樨说着递给小米一张纸。

1. 公司的银行账户有几个？分别是哪些？有无其他账户？是否都有利息？如何管理？

2. 公司的银行对账单由谁获取？

3. 公司的银行存款余额调节表由谁编制？

4. 公司的支付审批程序是怎样的？支付是否及时？

5. 公司的资金是否通过电子支付、网上银行等途径，操作流程和审批程序是怎样的？

6. 公司的银行信用等级是什么？是否有银行授信？使用情况如何？

7. 公司是否有融资？融资策略如何？何种保证方式？

8. 公司融资的还本付息是否每月支付？如何支付？

9. 公司的企业印章由谁管理？

10. 公司是否对外提供担保？情况如何？

11. 公司是否有对外投资？有哪些？如何审批？如何管理？

12. 公司的对外投资效益如何？

13. 公司内部是否有资金借调？审批程序如何？

14. 公司的库存现金都存放在哪里？如何管理？物理安全措施是否足够？钥匙由几人保管？

15. 公司提取和存储备用金时是几人同行？

16. 现金是否每日存入银行？若不是，如何管理？

17. 公司的现金盘点由谁做，多久盘点一次？由谁复核？是否不定期进行？

18. 公司出借给员工的备用金是否有明细记录？如何审批？借

期都有多久？

19. 公司的现金收据是不是订本式且连续编号？
20. 公司的银行票据是否登记有备查账？由谁管理？
21. 公司空白票据如何管理？如何使用？
22. 公司的作废票据如何管理？
23. 公司是否有商业承兑票据、银行承兑票据？有无授信？
24. 公司是否有贴现？贴现频率如何？
25. 公司是否有理财产品？金额多少？
26. 公司的现金交易多吗？
27. 公司的其他货币资金都有哪些？如何管理？
28. 公司是否有未入账、长期挂账事项？如何管理？
29. 公司是否有质押、被冻结款项？
30. 公司有没有外币交易？频率如何？
31. 公司银行账户是否有未达账项？频率如何？
32. 你在现在的工作中最关心什么？

"这么多问题？都要问？为什么还要问'在现在的工作中最关心什么'？"小米看着整整列了一页纸的问题，她的问题更多了。

"这些问题只是一部分，你可以根据实际情况自己决定问什么。"灵樨说道。"最后一个'在工作中最关心的是什么'这个问题更像是一道心理题，一般被询问者看到这样的问题都会卜意识地说出萦绕在心里最久的问题，而之所以最关心，一定存在原因，它会是我们获取审计方向的指引题。"

"我们是不是要通过这些问题去看被审计单位关于货币资金的内部控制呀？"秦明问道。

"内部控制是一部分，有没有重大错报风险也是一部分。正常情况下，一个关于货币资金的行之有效的内部控制需要做到货币资金的收支与记账的岗位职责相分离；货币资金收支要有合理、合法的凭据；全部收支及时准确入账，并且资金支付应严格履行审批、复核制度；控制现金坐支，当日收入现金应及时送存银行；按月盘点现金，编制银行存款余额调节表，以做到账实相符；对货币资金进行定期和不定期的内部审计。

"具体到货币资金的管理上，就拿岗位职责相分离来说，首先出纳人员不能兼任稽核、会计档案保管和收入、支出、费用、债权债务账目的登记工作。尤其是不能由一人办理货币资金业务的全过程。出纳人员要每日对库存现金进行盘点，编制现金报表，计算当日的现金收入、支出及结余数，并将结余金额与实际库存金额进行核对，如若发现两者有差异，则要查明原因，及时调整。会计主管需要不定期检查现金日报表。月末，会计主管要指定出纳人员以外的人员对现金进行盘点，编制库存现金盘点表，并将盘点金额和现金日记账的余额相核对。切记！月末进行现金盘点和编制现金盘点表的人一定不是出纳本人。在盘点的时候，如果有冲抵库存现金的借条、没有提现的支票、还没有做报销处理的原始凭证，一定要在盘点表中备注说明。盘点完成之后，会计主管也要去复核盘点表。如果有差异，需要及时查明原因并报批后处理。库存现金要实行限额管理，超过的要及时送存银行，尽量不要留大量的现金在办公室里，尽量使用非现金支付方式，保障资金安全。

"在银行存款的管理上，比如银行存款的账户管理，不管是开户、变更还是注销都不能随随便便由一个人决定，而是需要财务经理审核，总经理审批才行。另外，会计主管要安排出纳员以外的人员对银行存款日记账和银行对账单进行核对。刚才问题中的银行存款余额调节表也不能由出纳人员编制。表格编制完成后，要由会计主管复核，有需要调节的项目及时处理。另外，还要定期检查、清理银行账户的开立及使用情况，发现问题及时处理。网上交易或支付时，要将支付和授权以及审核分离。

"出纳人员除了管理现金还要管理银行票据，银行票据和现金同样重要，因此，也要注意岗位职责相分离。银行票据的管理需要设置一个登记簿，防止票据遗失或盗用。由出纳人员登记银行票据的购买、领用、背书转让、注销等事项。空白票据要妥善保管，不能随处乱丢。作废的票据要妥善保管，不能一撕了事。对于超过法定保管期限、可以销毁的票据，在履行审核手续后进行销毁，并建立销毁清册，销毁时要有合适的人员监销。月末时由出纳以外的人员盘点，盘点对象包括空白票据、未办理收款和承兑的票据，并且编制银行票据盘点表，然后与银行票据登记簿进行核对，最后由会计主管复核。

"还有印章的管理也同样需要注意岗位职责分离。财务专用章和个人名章不能由同一人保管，这是底线。想一下，如果都由出纳人员一人保管，那就没有内部控制可言了。"灵樨说道。

"哈哈哈，那出纳就可以自己填张支票去取钱了。一般老板娘管财务都是这样的。"小米打趣道。

"你说的那种企业，就不会有内部审计了。"秦明不忘提醒小米。

"另外，关于授权审批制度，制定了就要执行到位，要明确审批人的授权方式和权限、审批程序、承担的责任，以及配套的控制措施和经办人办理货币资金业务的职责范围和工作要求。审批人不能越权审批，经办人要按审批意见办理，不能越权办理，但可以拒绝办理审批人越权审批的业务。

"部门或个人需要用款时，应提前向审批人提交货币资金支付申请，或者是转款通知书，写明款项用途、金额、支付方式，有预算管理时还要写明预算，并附上有关的经济合同或协议，没有的可以附相关证明。如果是转款形式，还要注明收款人信息，比如名称、账号、开户银行、纳税人识别号等，然后提交审批，审批人根据其职责、权限和相应程序对支付申请进行审批，审核付款业务的真实性、付款金额的准确性，以及申请人提交票据或者证明的合法性，应当拒绝不符合规定的货币资金支付申请。审批后提交财务部门，财务部门在收到经审批签字的相关凭证或者证明后，需要对业务是否真实、金额是否准确、相关票据附件是否齐全、手续是否合法完整等进行检查，没有问题签字后交给出纳人员付款。出纳人员仍需要对自己经手的业务进行复核，付款后要及时登记现金或银行存款日记账。

"前面问题中提到了对外担保和对外投资，像这样重要的资金支付一定是集体决策和审批的结果，如果是某一个人的决定，就要考虑是否有贪污、侵占、挪用货币资金的行为了。在没有任何授权和监督的情况下，让其他人员频繁接触货币资金，也需要考虑有无侵占、挪用的行为发生。

"关于货币资金的内部控制你们要做到心中有数，这些不是绝对的，各个企业会有所不同，但大的方向都在这里面了，知道了这些，在设计问题和审计时就不会乱了方寸。"灵樨花了一点精力把关于货币资金的内部控制说了一下，内部审计人员要进行审计，必须知道最基本的内部控制流程。

"内部控制无效，是不是会导致报表出现错误？"小米问道。

"这个不是绝对的，只能说存在风险。比如被审计单位存在虚假的货币资金余额或交易的话，可能会导致银行存款余额的存在或交易的发生存在重大错报风险。比如银行存款余额很高，但同时短期贷款和财务费用的余额也很高，就要考虑货币资金是不是完全真实。而如果存在大额的外币交易和余额，就要关注这些外币交易或余额是否有被准确地记录。因为对于有外币货币资金的被审计单位来说，企业有关外币交易的增减变动或年底余额可能会因为没有采用正确的折算汇率而导致计价错误，这就直接影响了报表数据。如果被审计单位每期都存在有大量的未达账项，比如银付企未付、企收银未收的事项，对银行存款的期末收支来说就有可能存在大量的截止性错误，有可能存在人为地推迟或提前计入账户的情况，进而影响财务数据。如果企业受到限制的货币资金过多，则被审计单位可能会选择隐瞒这些货币资金受限的事实，选择不披露。"

"灵樨姐，怎么感觉到处都是风险，有没有像刚刚那样的问题表或者提纲之类的文件？"小米前面看到那张列满问题的纸时有多么泄气，现在就有多么想要这样一张纸。

"拿去。"最了解小米的还是灵樨。

我们需要注意的地方：

1. 被审计单位是否存在现金交易比例过高的现象，并且与其所在行业的常用结算模式不同。

2. 库存现金的规模是否远超业务周转所需的资金量。

3. 银行开立的账户数量与企业实际的业务规模是否匹配。

4. 是否存在没有外币业务却开有外币结算账户的现象，或者没有外币业务却有大额外币收付记录。

5. 是否有多个零余额账户存在却长期不使用也不注销的现象。

6. 是否存在期末账户余额为负的账户。

7. 是否存在在没有经济业务的地区，非经营地、注册地等地方开有银行账户的情况。

8. 是否存在借用个人账户的情况，特别是将财务人员的个人银行账户借予公司使用。

9. 是否有不能提供银行存款对账单或银行存款余额调节表的情况，或者提供的银行对账单没有银行印章、交易对方名称、摘要等信息。

10. 是否有大量的或长期的银行未达账项。

11. 是否有被冻结的银行账户。

12. 是否有非正常转账、大额异常交易的银行记录，比如短期内频繁地一正一负转账，或者多次相同金额连续转入转出，抑或频繁短期内向同一账户分次转账。

13. 是否存在有大额受限的货币资金。

14. 是否存在收益金额与存款的规模明显不相匹配的现象。

15. 是否存在同一交易对象，在同一报告期内出现金和其他结算方式并存的现象。

16. 是否存在将专款专用的资金挪作他用的现象。

17. 是否存在与实际控制人、控股股东或者关联企业有长期资金借用协议。

18. 是否有拒绝提供银行对账单、银行余额调节表等现象。

19. 是否有拒绝实施银行函证、拒绝配合打印《已开立银行结算账户清单》等现象。

20. 是否有长期挂账且金额较大的预付账款等现象。

21. 是否存在公司有大量货币资金仍然大额举债的现象。

22. 是否有在没有真实业务支持的情况下仍有大额资金、汇票往来的现象。

23. 是否有与交易不相匹配的大额资金、汇票往来现象。

24. 是否存在频繁的票据贴现。

25. 是否存在供应商与收款方名称不一致，或者销售商与付款方名称不一致的现象。

26. 是否有没有银行承兑协议支持的银行承兑汇票。

27. 是否有银行承兑保证金余额与应付票据的相应余额比例不匹配的现象。

28. 是否存在关键岗位长期不进行轮岗或者休假的现象。

29. 是否存在频繁发生债务违约的现象。

30. 是否存在付款进度与结算周期不匹配的现象。

"有了这张纸，风险点我就不怕了。"小米看着这张货币资金审计需要注意的风险点提示，就像挖到了宝藏。

"我们知道了风险点，也知道了需要询问些什么问题，但是审计程序要怎么做呢？"秦明问道。

"通常我们需要评价被审计单位关于货币资金的相关内部控制是否有效。比如，被审计单位规定了现金收付、保管及存入银行的规定，规定每日3000元以上的现金要及时存入银行，拒绝坐支情况的发生，5000元以上的付款要凭签字无误的审批单据，通过转账支付。并且用不同的岗位分工来区分现金收入和现金支出的不相容职责。那我们就要询问财务部人员，了解公司有无现金库存限额和定期存入银行的规定，并复核现金日记账中的每日现金余额，与公司的规定进行比较。还需要使用抽样法，从现金日记账上选取几笔连续的存款记录，追踪到原始的存款回单，并根据日期评价其是否及时存入银行。还要通过访谈财务主管，了解现金收入与现金支出的职责是否由不同的人员履行，通过访谈，了解公司是否有禁止坐支的规定。通过查看现金日记账，选取某一日或连续几日的现金收支记录，并追踪到原始单据，查看是否存在有坐支的现象。

"比如被审计单位的内部控制规定了付款的审批和复核程序，规定部门经理审批本部门的付款申请，需要审核付款业务是否真实发生、付款金额是否准确、后附的票据是否齐全完整，复核无误后签字。财务部门在付款前，财务经理需再次复核经审批的付款申请及后附凭证，确定无误后签字并安排付款。我们的做法就是询问相关业务部门的部门经理和财务经理，在日常付款业务中是如何走付款程序的，从而判断是否与内部控制的要求一致。并观察财务经理复核付款申请的过程，看是否核对了付款申请的用途、金额及后附的相关凭据，是否在核对无误后签字确认。然后再抽取样本重新核对一遍经审批及复核的付款申请及相关凭据，并检查是否有签字确认。

"比如被审计单位的内部控制规定了收到客户现金时要为客户开具连续编号的现金收据，现金收据入账后加盖现金收讫章。那我们的做法就是询问出纳人员，了解收入现金时是否开具收据，检查现金收据记录，查看是否有连续编号，从现金日记账中抽取现金收入业务的样本，查看有无现金收据附件，收据上有无加盖现金收讫章。

"比如被审计单位的内部控制规定了票据的购买、保管、领用、背书转让、贴现、注销等环节的职责权限和程序，并专设有登记簿进行记录。我们的做法就是询问财务人员，了解相关制度，查看相关票据使用登记簿，检查是否已进行登记。我们使用抽样的方法，从已使用的票据记录中抽取样本，对照付款凭证，查看是否有审批签字；从票据登记簿中统计相关贴现记录，对照财务报告，检查是否完整披露；从应收、应付票据的记账凭证中抽取样本，检查凭证的相关签字是否齐全完整，并追踪到原始凭据。

"比如被审计单位的印章管理要求是财务专用章由专人保管，个人名章由本人或授权人员保管，票据与印章分开管理。我们的做法就是询问财务人员，了解财务专用章和个人名章的管理规定，获取相关的印章留样样本，询问实际保管人员是如何保管的，查看保管情况是否符合规定。

"总之，我们对于内部控制的审计原则就是测试对方的内部控制是否有效，规定的内部控制程序是否按要求执行了。对方说有内部控制，你就检查是否真有内部控制，对方说按照内部控制的规定执行了，你就看是否真的执行了，是否执行到位了。"灵橘说道。

"我终于理解那句'保持职业怀疑'了，合理验证，哈哈哈。"小米打趣道。

"实际上，内部控制程序并不是一成不变的，也可以很灵活。比如你在收银小票上打上一句'如此小票上有星号，可领一个吉祥物，详情请咨询店长'。这样做的目的实际上是为了防范收银人员将销售款少记或不记入收银机。我们现在更多的是通过微信或支付宝扫描二维码的方式付款，那么，如果收银人员告诉你，'店里的二维码因为系统问题暂时收不了款，你扫描这个吧'，接着递给你一个二维码让你扫描，而这个二维码是被替换过的二维码，此时，公司是很难发现的。而加上这么简单的一句，就大大降低了这种情况发生的概率，因为谁也不知道哪张小票上会被随机打印上星号。我们审计时，也需要了解有没有这样创新的内部控制。"灵樨说道。

"像这样的现金，我们需要盘点吗？"小米问道。

"盘点是被审计单位的事情，我们要做的是监盘，你不能把对方的工作也做了。"灵樨说道，"监盘时，要把已收到但尚未存入银行的现金、零用金等都纳入监盘范围内，有多个部门存放现金的，也一并包括在内。监盘不能提前通知，属于突击性检查，不然就失去了监盘的意义。时间最好选在上午上班前或者下午下班时，因为这两个时间段避开了对方正常经济业务发生的时间，不能因为你要监盘就让对方的工作停滞。在确定时间的基础上可以查看对方制订的盘点计划。时间确定之后，需要被审计单位的现金出纳人员和会计主管同时参加。监盘时，需要查阅库存现金日记账并同时与现金收付凭证相核对，一方面检查库存现金日记账的记录与凭证的内容和金额是否相符，另一方面了解凭证日期与库存日记账日期是否相符或接近。另外，还要检查现金实存数，并将该监盘金额与库存现金日记账余额进行核对，如果发现差异，就需要对方查明原因，如确有需要，也可以提请对方做出调整。盘点中除了现金，如果有冲抵库存现金的借条、未提现的支票、没有报销的原始凭证等,要在'库存现金监盘表'中注明,根据情况看是否需要调整。"灵樨说道。

"也就是说,现金监盘要搞突然袭击,时间要选在上午上班前或下午下班时,对方做着我看着,不能插手帮忙,不能遗漏全方位监盘,对吧?"小米迅速盘点了一下关键点。灵樨赞许地点点头,小米只要认真,进步还是很快的。

"那银行存款呢?"小米问道。

"关于银行存款,首先要确定你所获得的银行存款的账户信息是完整的,所以最好去被审计单位的开户行打印一份《已开立银行结算账户清单》。要注意观察银行办事人员查询、打印的过程,不能让被审计单位的人员去办理,自己坐在沙发上喝茶,或者连去都不去,一切等被审计单位的人员送上门。拿到《已开立银行结算账户清单》之后要与被审计单位的账面记录进行比对,看是否和银行打印的结算账户相一致。有时候,被审计单位可能存在不想让你知道的账户信息,所以这个账户清单很重要。"灵樨说道。

"我知道,小金库嘛,你之前反复给我们提到过,特别是在财务室的时候,你是坚决反对存在小金库和借用账户的。"小米说。

"如果是借用个人的账户呢,这样即使有《已开立银行结算账户清单》也不行吧,小金库大都存在于个人账户中。"秦明问道。

"这就涉及舞弊审计了,我们会在后面挑出时间专门说,现在要提的一点是,在审计银行存款日记账和现金日记账时,对向单位中某个人,尤其是向财务人员、关键管理人员的个人账户转账的,要多加留意。"灵樨说道。

"除了账户信息，还要检查银行存款账户的发生额，看有没有漏记银行交易的现象，对比银行对账单上的收付款流水与被审计单位银行存款日记账的收付款信息是否一致，这里注意，一定要双向核对，也就是要双向核对银行的对账单和被审计单位的银行存款日记账记录。在账户的选择上可以着重关注单位的基本账户，余额较大的银行账户，发生额较大且收付频繁的银行账户，发生额较大但余额较小、零余额或者当期注销的银行账户，专款账户等这些账户。如果遇到有相同金额一正一负的收付款现象，或是相同金额的多次转入转出等大额异常交易，再或短期内频繁向同一账户分次转账等异常交易，一定要查看银行存款日记账和相应交易及资金划转的文件资料，然后判断这些交易及资金划转是否具有合理的商业理由。

"银行存款账户的余额一定要函证，这是证明资产负债表所列的银行存款是否存在的重要信息。函证的重要性以及对我们的意义前面已经说了，这是独立第三方出具的审计证据，无论其可靠性还是重要性都是无可比拟的。一份高质量的审计证据好过多份低质量的审计证据，因此银行存款的函证一定要做。"灵樱接着说道。

"好的，那我从需要重点关注的银行账户中挑几个去函证。"小米说道。

"小米，银行存款的函证可不能只挑几个，要对包括零余额账户和本期内注销的账户在内的银行存款，以及借款，还有与金融机构往来的其他重要信息都实施函证程序，除非有充分的证据表明某一银行存款或者借款以及与金融机构往来的其他重要信息对财务报表不重要，并且与之相关的重大错报风险很低。如果对这些项目不进行函证，也要在工作底稿中记录不函证的理由。提醒一下，在函证中，同样不能'等、靠、要'，不能当甩手掌柜,把函证交给被审计单位的财务人员去代办,这样等于没有函证。还有函证的信息不要自作主张地任意删除,银行存款、银行借款、注销的银行账户、作为委托人的委托贷款、作为借款人的委托贷款、担保、银行承兑汇票、已贴现而尚未到期的商业汇票、托收的商业汇票、已开具而尚未履行完毕的不可撤销信用证、未履行完毕的外汇买卖合约、托管的证券或其他产权文件、未到期的银行理财产品,这些即使没有也要列在函证里,否则,如果被审计单位在银行里有为其他单位提供的担保,担保的受益人是该银行,而你在函证时擅自删除担保后,就会让银行认为你不需要担保信息函证,因此也不会主动提供该信息,这样就会造成函证信息不完整。"灵樨说道。

"知道了,亲力亲为,不假他人之手。小明,听到了吧,别总使唤我。"小米还不忘反击秦明。

"收到银行的回函时,要查看回函的信息与函证的信息是否相符,核对银行对账单和银行询证函回函的信息是否相符,如果不相符,就要对不符事项展开调查,查明原因。"灵樨说道。

"是不是也要编制银行存款余额调节表?"小米问道。

"可是,银行存款余额调节表是被审计单位编制的,我们怎么会需要编制银行存款余额调节表呢?"秦明抓住机会也回击了小米一下,有这两人在,办公室里永远不会无聊,"我们一定是检查银行存款余额调节表。"

"哦,那你说说,我们都检查什么?"小米说道。

"先核对数据有没有加计正确,再看看调节后的银行存款日记账与银行对账单余额是否一致,有没有调对,还有这些调节事项是不是真的需要调节。"秦明说道。

"你这不就是复核吗，也没啥技术含量呀。"小米仍然不忘顶回去。

"秦明这点说得不错，重要的是对调节事项的检查。调节表中有四项调整事项，这四项都要检查相应的原始凭证，比如被审计单位已经付款而银行还没有付款的款项，就要检查企业付款的原始凭证，有没有真的付款，并检查该项付款是否已经反映在期后的银行对账单上。看银行对账单时不是仅仅看一下，而是要看里面的内容，并将内容和原始凭据进行核对。比如对账单上的金额、支票编号等，与支票存根进行核对。而对于被审计单位已经收款而银行还没有收款的款项，就要查收款的原始凭证，确定是否真的有收款，有没有表现在其后的银行对账单上。而对于银行已经收款而被审计单位还没有收到，以及银行已经支付而被审计单位还没有支付的款项，查的就是收付款项的内容和金额，确定是不是存在人为地推迟或延后记账的现象，也就是有没有截止性错报。另外如果发现被审计单位的银行存款余额调节表存在大额或长期未达账项，就要追查相应的支付性文件，为什么长期挂账，为什么挂账这么大金额的款项却不处理，有没有合理的商业理由支持。这些长期挂账的款项有没有存在资金被挪用的情况。特别是付款款项中银行已经支付而企业未登记支付，或者企业已经登记支付而银行没有支付的款项，有没有异常的领款事项，这就是我们常说的舞弊事项。"

"怎么判断这个异常？"秦明问道。

"像没有写明收款人的领款凭据，签字不全的支付凭据，金额涂改的支付凭据，这些都属于异常支付凭据。"灵樨说道。

"我们现在大都使用的是电子支付，这样长期未达款项就会很少了吧？"小米觉得在电子支付已经这么普及的现在，怎么还会有长期未达账项呢?

"如果是人为的,别说是电子支付了,就是光子支付也会有未达账项。"秦明时刻不忘反击小米。

"的确,现在很多业务都是网上处理了,包括银行回单都是网上打印,我们在审计时也要注意这一点,比如银行回单有没有重复入账的情况。"灵樨说道。

"对呀,打印件、复印件都不太好区分,估计连他们自己都不知道有没有重复入账吧。"小米觉得她看这些自己打印的回单都一样,特别是碰到连收款人、金额、日期都一样的,也不知道是不是重复打印或复印的。

"这一点是可以确认的,就看你细不细心了。银行回单有没有重复入账可以通过查看流水编号来确定,这个编号是唯一的。"灵樨说道,"在电子支付的情况下,一定要考虑有没有创建一个安全的环境,这点很重要。因此在审计时也要注意电子支付系统的安全性,有没有被恶意操控或删除、信息是否安全、数据传输是否可靠、有无对授权以外的账户进行违规付款等情况。在对被审计单位进行内部审计时,我们可以通过获取并了解相关电子支付政策的流程、制度的文件,并检查这些文件,查看是否有管理层的签字认可。询问电子支付操作人员对相关政策的了解程度,评估其执行程度。了解支付更新范围、参与人员、更新频率等,检查更新轨迹,查看有没有管理层的签字、更新原因说明、技术专家的意见等书面证据。询问备份策略,查看备份程序和备份工作日程,并确认备份程序包含的电子支付的程序和数据。也可以向技术人员询问并了解防范病毒的措施、范围、类型、更新周期等信息,检查主要的防范病毒的措施,确定是否已被激活并有效运行。获取书面授权单据的文件夹,采用抽样方法抽取若干电子支付记录，追踪到授权书、交易审批单等，确定是否所有样本都有书面授权的支持。询问相关安全技术专家，了解数据在传送时的加密技术，了解数据是否使用认证中心和电子签字技术，了解认证中心的背景资料，特别是其资质文件是否符合中国人民银行网上银行的相关法规的要求。检查与银行或交易对象签订的合同，判断加密协议的有效性。复核相关文件以及协议，如电子签字协议书等，查看有无过期、有无更新等。"灵樰又把小米问到的电子支付审计穿插着讲解了。

"要说方便，还是微信、支付宝最方便。没有扫一扫，现在都寸步难行。"

"微信、支付宝是方便，但企业之间还是承兑汇票多吧。"

"不管什么支付方式，都是货币资金，如果遇到了，你不审吗？"小米和秦明又杠上了。

"灵樰姐，微信、支付宝的审计程序有区别吗？"避免掉入对方圈套的最佳方法就是不入圈。

"不管是微信还是支付宝，都属于企业留存于第三方支付平台的资金，在审计程序上可以比照银行存款的审计，首先获取相关的开户资料，了解这些账户的用途和使用情况。另外获取与这些第三方支付平台签订的协议，了解第三方平台使用流程等内部控制制度。获取第三方支付平台发生额及余额的明细，然后与账面记录进行核对，如果可行，也可以函证支付账户的交易发生额和余额。"灵樰回答道。

"还有不能函证的情况吗？"秦明听到如果可行的情况下才函证，于是问道。

"是的，有时候可能会遇到不能函证的情况，比如被审计单位属于国家机密的机构等。

"除了微信、支付宝，其他货币资金还有保证金存款、存出投资款等，对于保证金存款，除了需要常规检查协议、审批文件，核对保证金账户与相应的交易，还要根据被审计单位的应付票据规模合理推断保证金数额。检查信用证的开立协议与保证金是否相符，检查保证金与相关债务的比例是否与合同约定一致。另外，需要特别关注的是是否存在有保证金发生而被审计单位却没有对应的保证事项的情况。对于存出投资款需要特别跟踪资金流向，关注账面与资金流水是否一致，结合相应的金融资产项目进行审计。

"另外，如果被审计单位有大额的定期存款，需要检查这些定期存款占银行存款的比例，如果比例偏高，就需要进一步询问这些定期存款存在的商业理由，进而评估这些定期存款存在的合理性。取得定期存款的明细并与账面记录金额进行核对，确定定期存款的所有权人是不是被审计单位，该定期存款有没有被质押或者限制使用。如果没有被质押，那就检查开户证明的原件，如果已经质押了，就查定期存单复印件，并与对应的质押合同核对，确定存款人、金额、期限等相关信息。质押的目的是借款，所以还要确定是否真的有借款入账。到期有没有偿还借款取消质押。还需要结合财务费用和投资收益，确定利息收入是否合理，从而判断定期存款是否真的存在，有没有体外资金循环的情形。"灵樨说道。

"怎么才能知道有没有体外资金循环？还有，为什么没有质押的定期存款要检查原件呢？"小米觉得这些问题有点难。

"如果账面利息收入远远超过了根据定期存款计算应得的利息，就表明被审计单位很有可能存在账外定期存款。反之，如果账面利息收入远远小于根据定期存款计算应得的利息，则表明被审计单位很可能存在转移利息收入或者挪用、虚构定期存款的情况。至于为什么没有质押的定期存款要检查原件，这是为了防止'狸猫换太子'的事情发生。如果被审计单位的原件已经被质押了，或者被审计单位在定存单到期之前就先办理了质押贷款或者提前套现，再用质押贷款所得的资金或者套取的资金虚增收入、挪作他用，而你又认可复印件的话，那么，这样的审计就毫无意义。"灵樏解释道。

"货币资金的审计要大胆假设，细心观察，合理设计，认真执行。资金对企业的运营很重要，同时也是重点防范区、舞弊的温床。我们在进行内部审计时，要从风险的角度去假设容易发生错报和舞弊的地方，引导我们的审计方向，从而合理设计控制测试和审计程序，顺利完成内部审计。"灵樏说道。

知识小结

1.货币资金的审计要大胆假设、细心观察、合理设计、认真执行。资金对企业的运营很重要，同时也是重点防范区、舞弊的温床，我们在进行内部审计时，要从风险的角度去假设容易发生错报和舞弊的地方，引导我们的审计方向，从而合理设计控制测试和审计程序，顺利完成内部审计。

2.货币资金审计涉及的单据和会计记录有：现金盘点表、银行对账单、银行存款余额调节表、有关科目的记账凭证、有关会计账簿。

3.一个关于货币资金的行之有效的内部控制需要做到货币资金的收支与记账的岗位职责相分离；货币资金收支要有合理、合法的凭据；全部收支及时准确入账，并且资金支付应严格履行审批、复核制度；控制现金坐支，当日收入现金应及时送存银行；按月盘点现金，编制银行存款余额调节表，做到账实相符；对货币资金进行定期和不定期的内部审计。

4.现金监盘的范围包括已收到但尚未存入银行的现金、零用金等，如果存在多个现金存放点应一并纳入；现金监盘的方式为突击式检查；监盘的时间最好选在上午上班前或者下午下班时；监盘时现金出纳人员和会计主管必须在场。

5.银行存款要着重关注单位的基本账户，余额较大的银行账户，发生额较大且收付频繁的银行账户，发生额较大但余额较小、零余额或者当期注销的银行账户，专款账户等。

6.在函证时，切忌"等、靠、要"，切忌当甩手掌柜，将函证交由被审计单位人员去办理。函证信息切记不要任意删除。

收入审计

"灵樨姐，货币资金的来源主要是股东的投入、债权人借入和经营留存，这里面经营留存是最主要的吧？"小米又有了新问题。

"是的，我们现在就来说一下收入的审计。收入的审计实际上包含了销售政策以及客户关系、销售回款、销售退回、售后服务等一系列环节。"灵樨说道。

"啊？这么多环节呀，我还以为收入就是销售加收钱呢。"小米说道。

"这么说也没错，收入就是销售加收钱，但这个过程会涉及销售政策的制定和审批、销售预算的管理、客户关系的维护、客户信用的订立、审批复核和修改、客户档案的建立和更新、产品的发出或服务的提供、销售款项的催收与入账、销售款项收不回来而形成应收账款，也会涉及销售之后因为不喜欢、不合适、质量不过关等各种原因的销售退回，还会涉及售后服务等。因此，我们的收入审计包括了很多子项，贯穿了从销售政策的制定到售后服务、客户关系维护的全过程。因此，收入的审计也是我们进行内部审计时重点关注的地方。"灵樨说道。

"那涉及的单据和会计记录就不仅仅是发票和营业收入了，还得有发货单、应收账款吧。"秦明根据灵樨说的涉及过程判断着都有哪些审计单据。

"可以根据销售的整个环节罗列，比如客户订购单、销售单、出库单、销售发票、商品价目表、应收账款信用损失计算表、坏账核销表、汇款通知书、客户对账单、现金和银行存款日记账、应收账款明细表、主营业务收入明细表等。如果有的被审计单位没有正式订购单，可以取得客户订货的邮件、微信等。这些审计单据可能有的被审计单位没有，比如汇款通知书，是企业寄给客户用于对方转款时用的，一般会和发票一起寄过去，写明客户名称、销售发票号码、企业开户银行账户、金额等信息，客户在付款的时候再寄回来，是一种很好的内部控制手段，帮助企业催收货款，同时也可以起到监督货款回收、防止挪用的作用。"灵樨说道。

"汇款通知书怎么会有防止挪用的功效？"小米不解地问道。

"汇款通知书是和销售发票一起寄给客户的，会要求客户在汇款时再寄回来，而收信人必须是非收款人，为了防止客户懒得寄回，还会选择到付的邮递方式或给予一些奖励、优惠措施。这样一旦客户汇了款过来，汇款通知书也会随之寄回，销售方不仅可以随时掌握回款的金额、频率，同时收到款项的经办人员也不敢挪用或不入账，因为这项制度会随时让挪用事项曝光。"灵樨解释道。

"原来一个小小的内部控制手段这么好使。还有前面的销售小票的故事，我怎么觉得有些内部控制很精巧呢。"小米觉得有些内部控制设计巧妙得让人意想不到。

"好的内部控制制度并不是直勾勾地相互监督、相互约束,而是既约束了人性的贪婪,又照顾了人性的温暖。"灵樨说道。

"我们是不是要从销售政策的制定开始?"小米问道。

"从问问题开始。"灵樨说着就把问题列表递给了小米和秦明。

1. 公司的销售形式有哪些?分别占比如何?
2. 公司的销售团队是如何构成的?
3. 公司销售主要是现销还是赊销?
4. 公司有什么销售政策?执行情况如何?
5. 公司产品是如何定价的?有没有指导体系?
6. 公司有没有统一的信用政策,信用政策的判断标准是什么?
7. 公司信用政策的审批权是否在销售部门?
8. 公司信用政策的确定、审批、复核的流程如何?
9. 公司的销售合同由谁签订?是否有授权?
10. 公司的销售合同如何保管?
11. 公司的销售合同是否有连续编号?
12. 公司是否依据已授权批准的商品价目表开具发票?
13. 公司销售发票的开具流程如何?
14. 公司的发运流程如何?
15. 公司的发运凭证是否有连续编号?是否有人对其复核?
16. 公司的运输方式是什么?

17. 公司的销售客户是否在已批准的销售客户名单内？

18. 公司确认销售和应收账款的流程如何？

19. 公司管理层是否会定期复核所有的销售资料并分析销售情况，是否对异常变化进行跟踪调查？

20. 公司是如何计提坏账的？管理层是否会对相关估计进行复核和批准？

21. 公司是如何核销坏账的？已注销的坏账又收回时是如何处理的？

22. 公司是否每月制作应收账款账龄分析，是否对逾期账款采取相应措施？

23. 公司是如何处理预收和退回的款项的？

24. 公司是否有客户服务流程？是如何操作的？

25. 公司是如何进行客户关系管理的？

26. 公司客户信息的更新流程如何？

27. 公司是否有定期寄发对账单？

28. 公司的主营业务收入账和应收账款账由谁登记？

29. 你在现在的工作中，最关心什么？

"我发现这些问题问完，关于销售的内部控制也就了解得差不多了。"小米默默地读完了问题列表。

"问题只是参考，根据不同的公司要设计不同的问题，但要把握住一个原则，那就是围绕企业的内部控制来设计问题。"灵樨说道。

"那就必须知道内部控制要如何设置才是有效的。"小米这次抓住了问题的关键。

"我们通常会从职责分离、授权审批、凭证记录、内部核查等方面进行。比如职责分离，像问题中的主营业务收入与应收账款的账簿记录就要由不同的人员去登记，并且调节相关总账和明细账的员工也不能登记相关账簿，这是一项相互交叉牵制的设计。另外，负责登记主营业务收入和应收账款账簿的人员也不能经手货币资金，这也是为了防止舞弊的发生。还有赊销审批，也要和销售部门分离。因为销售人员通常会从自身的利益出发，更倾向于尽可能多地完成销售，获得绩效，而不会过多地考虑销售款项最终是否能顺利收回的问题，所以在销售时他们更倾向于过多地进行赊销，而将赊销审批与销售部门分离，则会从一定程度上抑制这种倾向的发生。如果在销售合同订立前，有专门的人员就销售价格、收款方式等销售事宜进行谈判，那么谈判人员和订立合同的人员最好也要职责分离，还有编制销售发票通知单的人员和开具销售发票的人员也不能是同一人。在销售过程中也要尽量避免销售人员接触现款。如果收取汇票，那么汇票的取得和贴现都要由保管票据以外的主管人员批准，避免舞弊的发生。

"内部控制离不开授权审批，因此恰当的授权审批是必需的，而我们在进行内部审计时，也要关注几个关键的审批程序，比如如果是进行赊销的业务，在销售发生之前，赊销一定是已经过审批的。如果还没有经过审批就擅自进行了赊销，那么在发出货物之前也一定要审批完成，审批的范围包括价格、销售条件、运输方式、折扣折让条件等。审批要在授权范围内进行，超过权限的审批一定要有授权，以此来防止因个人的决策失误而造成企业损失。"灵棋说道。

"哈哈哈，这就叫群策群力。"小米说道。

"将相关凭证进行预先连续编号是非常好用的内部控制手段,可以防止重复记账、重复开票的事项,也可以防止漏开发票或漏记的现象。另外,除了自我防控,还有借助外力的防控。比如定期给客户寄送对账单,除了可以让客户更了解双方在合同款项的记录情况外,也可以及时发现不符账项,从而进行核对,还能体现出优质的服务。但是寄送对账单的人员一定是非登记相关账项的人员。"灵樨说道。

"我知道,职责分离嘛。"小米没等灵樨说完,就抢着说道。

"对,职责分离,这也是我们在内部审计时要重点检查的地方。记住销售和收款是两个不相容的职务,对于出现混岗的现象就要重点关注了。"灵樨继续说道。

"嗯,这个可以理解,既做销售又要收款,你说卖了十套产品就是十套吗?那要是卖了十五套瞒报成十套呢?或者实际已经收到钱了却说这钱收不回来了,不也是隐瞒收入了吗?如果销售部门联合起来隐瞒,公司岂不是连遭受损失都不知道,是吧,灵樨姐?"小米说道。

"收入确实存在很多有舞弊风险的地方,不管是销售部门或销售人员自己舞弊,还是联合其他部门一起舞弊,都会给公司带来巨大的损失,因此内部审计人员要对常见的收入舞弊手段和可能存在的迹象做到心中有数。

"通常情况下,收入都会在交易上动手脚,比如虚构交易或者是进行明显不公平的交易。先说虚构交易。虚构交易通常围绕在虚假销售或串通交易上,比如在没有实物流转的情况下,通过和关联方签订虚假的购销合同,虚构存货进出库,同时通过伪造出库单、发货单、运输合同、验收单等一系列单据,然后通过虚开商品销售发票进而完成虚构收入。做得缜密一些的，会进行真实的存货实物流转、真实的交易单据，配合真实的资金流转。进而配合虚构的收入。不过，也有不通过关联方串通来完成这一切的。有的被审计单位会通过完全没有任何联系的、只是一个销售客户的非关联方进行虚构交易的销售，从而虚构收入。《一本书掌握财务分析》中举过一个昆明机床的案例，他们的手法就是通过与相关经销商或者客户签订真实的销售合同，在经销商或客户支付部分货款后，产品发货前，提前确认收入，将当年未实际按合同履约生产、发运机床的收入跨期确认至该年度，以达到虚增当年利润的目的。或者通过签订合同，客户预付定金后并不提货，后期将定金退回，或者按客户退货处理。或者通过设立账外库房，将存货以正常的销售方式出库，但实际上并不发给客户，而是转移到账外库房中。或是和客户签订合同后，单边虚增合同价格，通过种种手段来达到虚增收入的目的。

"除了账外库房，也有通过虚假销售形成体外资金的，再通过这些账外资金反过来购买产品或服务，以达成虚增收入的目的，这种方法被称为安排货款回笼。从这个角度来看，被审计单位可能通过两种方式掩盖虚构的收入，一种是虚构收入后没有资金回笼进行配合，虚增的应收账款或合同资产日后会通过计提减值准备或者核销的方式消化掉，也就是我们常听到的'洗大澡'。另一种是借助资金回笼的配合，这种相对来说就比较复杂且隐蔽了，涉及的项目也较多，审计起来就需要费一番功夫了。除了我们前面提到的会涉及应收账款或合同资产项目，还会涉及预付款项、存货、长期股权投资、其他权益工具投资、固定资产、在建工程、无形资产、开发支出、短期借款、应付票据、应付账款、其他应付款、营业收入、营业成本、税金及附加、销售费用等，同时也需要解决虚构收入带来的虚增资产或虚减负债的问题。

"因为要形成资金闭环，首先就要先套取资金出来。比如通过虚假的预付款项预付一些货款或合同价款，或者通过虚增长期资产的采购金额，比如虚增固定资产、在建工程、无形资产、开发支出，甚至是虚增对外投资等需要大额支出的付款项目来套取资金，再将这些套取的资金伪装成货款回笼，日后虚增的这些长期资产再通过折旧、摊销或者计提资产减值准备的方式消化掉。还有通过伪装回款单据进行虚假货款回笼，如果是这种方式，可以通过查验货币资金来判断，因为这种方式通常会形成虚假的货币资金。如果是通过对负债不入账或者虚减负债的方式套取资金，比如被审计单位开具商业汇票给关联公司，关联公司再将票据贴现，然后伪装成货款使资金回笼，这种方式就要注意关联交易的合理性了。还有通过被审计单位将自己的定期存款进行质押，以这种方式为关联方提供担保，关联方取得借款后再用于资金回笼。"灵樨一一解释道。

"有关联方的帮助还真是让这些舞弊行为更方便了，我得先把关联方清单列出来。"小米马上在小本子上记上了"关联方"。

"你要对关联方挨个检查吗？还有不在关联方清单里的怎么办？"秦明问道。

"想知道是不是关联方交易，有没有通过关联方进行配合，除了要知道有多少关联方，关键是要获取交易的合同，检查合同中约定的交易价格、交易条款和条件，看交易是否公平，所签订的交易合同有没有合理的商业理由，与这些客户之间有没有大额异常的资金往来。"灵樨说道。

"但也不能全盯着关联方，也有与同一客户发生多次交易，然后通过调节各次交易的商品销售价格，进而调节各期销售收入金额的情况。

"因为销售价格和销售条款的变动也直接影响着收入的确认,所以也会有被审计单位在销售价格或销售条件上动心思、想方法。比如,可能会有被审计单位通过隐瞒退货条款,在发货时将销售收入全额确认,从而将本期的收入高估;或者通过隐瞒不符合收入确认条件的售后回购或者售后租回协议,从而将已售后回购或售后租回方式发出的商品作为销售商品确认收入;或者通过高估履约进度将当期的收入进行高估的;或者将本应该整体作为单项履约义务的销售交易拆分成为多项履约义务,从而提前确定收入;又或者是随意变更会计政策或会计估计从而调节收入的确认。我们在内部审计时不仅要关注销售合同,还要注意与行业惯例进行对比,查看非财务人员是否过度参与收入相关会计政策的选择与决策。

"通常被审计单位在进行虚构收入舞弊时并不会单一地使用一种方式,而是会采用几种方式混合,使得虚构行为看起来更逼真,从而加大我们内部审计的难度。"灵樨说道。

"灵樨姐,为什么企业要这么费力地造假呢?"小米百思不得其解,她听着这些造假的方法都觉得复杂,好好记账不好吗?

"当然是利益驱动了,无利不起早。"秦明说道。

"最常见的原因是公司订立了不合适的考核任务,下属公司为了完成集团公司订立的计划,获得奖金或不被裁撤,就会选择舞弊的手段来达成目的。"灵樨解释道。

"除了提前确认收入,还有推后确认收入或少计收入的情况。"灵樨接着说道。

"为什么会少计收入,企业不都想多计收入,多算利润吗?"小米不解地问道。

"这种情况多见于企业为了降低当期税负或转移利润时，比如预计下年的销售情况不是太好，而今年的销售任务已经提前完成，就会将今年的收入推迟到下期确认。常见的方法有将收到的货款作为负债挂账，或者是人为地错误使用会计政策或会计估计，减少当期的收入确认。"灵棪说道。

"灵棪姐，一般在什么样的情况下会有舞弊呢？"

"可以关注这些情况。"灵棪说着，递给小米一份文件。

1. 是否存在与同一客户同时发生销售和采购交易的情形？

2. 是否存在与新成立的或之前缺乏相关业务经历的客户发生大量或大额交易的情形？

3. 是否存在公司的主要客户的自身规模与其交易规模不相匹配的情形？

4. 是否存在对已经长期拖欠款项或明显缺乏还款能力的客户仍放宽信用政策的情形？

5. 是否经常存在在临近期末时发生大量或大额交易的情形？

6. 是否存在实际销售情况与订单不符的情形？

7. 是否存在对已取消的订单发货或重复发货的情形？

8. 是否存在未经客户同意，任意变更交货日期或交货地点的情形？

9. 是否存在货物已经发出，却未指明任何客户的情形？

10. 是否存在针对某些客户的价格异常偏高或偏低的情形？

11. 是否存在已销售商品大量退回的情形？

12. 是否存在交易之后长期不进行结算的情形？

13. 是否存在付款方和购买方为非同一人的代付情形？

14. 是否存在银行回单的付款信息与销售业务无关的情形？

15. 是否存在多方债权债务相互抵销应收账款的情形？

16. 是否存在有大额货币资金仍大额举债的情形？

17. 是否存在货物尚未发出或未提供服务即开出销售发票的情形？

18. 是否存在没有销售合同或销售协议的发票开具情形？

19. 是否存在销售合同过分复杂的情形？

20. 是否存在销售合同描述销售价格、付款条件、交货地点等重要信息缺失的销售情形？

21. 是否存在仅有销售发票而没有其他证据支持的销售情形？

22. 是否存在销售记录与第三方询证函回函记录有重大异常的情形？

23. 是否存在连续订单编号、合同编号缺失或重复的情形？

24. 是否存在先发货后补单的情形？

25. 是否存在出库单与销售订单、发货通知单不相符的情形？

26. 是否存在销售毛利率异于行业平均毛利率的情形？

27. 是否存在管理层过度参与或干涉收入的确认过程的情形？

28. 是否存在收入的增长幅度正好符合计划的增长幅度的情形？

29. 是否存在对个别应收款项疏于催收的情形？

30. 是否存在对大额欠款异常计提坏账准备的情形？

31. 是否存在实际付款速度明显快于合同约定的付款进度的

情形？

32. 是否存在有相关的销售合同、欠款催收等相关的法律诉讼的情形？

33. 是否存在销售订单审批后销售人员可以随意修改的情形？

"但要知道一点，有风险并不代表就有舞弊，这些风险也有可能是正常交易的结果。"灵樨说道。

"那要怎么判断是真舞弊还是正常交易呢？"小米问道。

"如果发现了疑问，那么自己就通过审计程序消除疑问。可以通过获取被审计单位的销售政策、销售团队的构成、销售产品的种类、各产品的销售情况、销售模式、提供的服务等相关资料，做到对销售情况有一个整体的了解。然后获取人员名单，对销售部、财务部或其他相关人员进行访谈，对档案进行检查，查看是否有管理层的签字或确认。通过交叉性询问了解价格体系制订的步骤，评估价格体系与销售政策是否相符。可以查看最近的毛利率分析表，评估是否存在异常并就异常情况进行追踪，了解其原因。了解被审计单位对销售合同、定价等是否有修改，并使用抽样法对归档中的销售合同、定价修改申请表进行检查，查看有无管理层的审批确认。了解被审计单位销售人员的职责分工与授权、审批程序。询问销售合同如何保管，有无专人保管，如何保管、借阅，出借记录是否有出借人的签字、出借时间及归还期限、审批签字等。查看销售合同是否有连续编号，询问销售合同是否有遗失，有无遗失的补偿性措施，并抽取相关记录进行查看。

"了解并测试被审计单位客户信息的录入及维护的运行及控制。询问管理层了解公司是否设有独立的信用管理岗位。询问销售部、财务部等相关部门人员，了解信用政策制定的依据和相关的市场经济信息及市场策略。获取书面范本并查看是否有管理层的签字。询问信用政策的执行部门，了解信用额度的申请流程。对照信用政策，评估申请流程与政策的符合程度。采用抽样法对信用额度审批单据进行抽样，查看有无管理层的签字确认。追踪信用档案从申请到建立到归档的全过程，并查看档案是否同步更新。抽取档案中的若干样本，查看有无修改的情况。如有修改，修改是否经过审批并签字确认。获取最近最少三个月的信用额度分析报表，查看是否有管理层的意见。

"了解收入确认、发票开具、销售退回等相关交易情况，特别是销售订单审批后销售人员能否任意修改，这个直接关系到销售的可信度。观察发票开具的过程，确认发票开立之前相关单据已经过核对、复核等过程。采取抽样的方法抽取已开具发票的样本，查看是否有复核人员、审批人员的签字确认。询问财务部发票作废的过程，查看有无审批记录。检查发票登记簿，查看作废、跳号记录，并向经办人询问原因，并检查登记簿上管理层复核的签字确认。抽取作废发票的记录，追踪到作废发票的存放情况，查看是否已在发票上做作废处理。询问销售部和财务部人员，了解发票传递给客户的过程，并检查相关记录、对账单等，确认客户的签字确认以及日期。

"对于收入的审计，最主要的还是对营业收入和应收账款的审计。这里的营业收入不仅包括主营业务收入，还包括其他业务收入，也就是说除了销售商品、提供劳务等获得的收入，还有出租固定资产、无形资产、包装物等实现的收入。我们要确定这些记录是否应记尽记，是否被恰当且正确地记录。

"结合前期所做的工作，对营业收入明细表、营业收入明细账、总账等进行检查、复核，分析营业收入的数据，同时考虑被审计单位行业、环境，以及有关数据间的关系的影响，先在心里有一个预期。在销售收入的核对上，除了收入明细账和销售清单的核对，别忘记了和增值税销项清单核对。另外还要与以前的期间比较，分析销售量、销售单价、销售收入金额及毛利率的变化及趋势。特别是将销售收入的变动与销售所收到的现金、应收账款、存货、税金相关的变动幅度比较。计算应收账款、存货的周转率并进行比较。分析销售收入与销售费用之间的关系，注意销售人员的业绩指标与收入完成情况的关系，公司广告费、差旅费与收入的变化趋势与销售机构的设置、规模是否相匹配。根据劳动产能、用水、用电、运输费用、投入产出率等非财务信息进行辅助比较。"灵樨说道。

"如果分析的数据有差异，是不是就有问题？"小米觉得没有问题的数据，就不会有差异。

"不一定，差异不可能避免，我们要设定一个可接受的范围。就像做事，哪有什么对错，这么做是对的，不这么做就不对了？没有什么定律，人生各有不同，你不能要求标准化、一致化，企业经营也一样，怎么可能要求没有差异，没有差异企业还怎么经营？"

"所以要根据每一个被审计单位的情况，先自己确定一个可接受的差异额，如果在这个差异额范围之内，就不用纠结是不是有问题、存不存在舞弊了，你把精力用在超过差异额的异常数据的调查上就好。"灵樨说道。

"超过多少查多少吗？"

"不是，如果差异数据超过了可接受差异额，就要对差异额的全部进行调查，可不是只对超出部分调查。

"另外，收入准则修订后，对收入的确认做出了强调，过去很多企业都是开票确认收入，实际上由于发票涉及纳税及抵扣的问题，开票日期通常是滞后于收入可确认日期的。而在新收入准则的规定下，要关注控制权的转移，在客户取得相关商品控制权的时候确认收入。因此，就要特别关注合同的约定，在进行内部审计时，你要知道正确的，才能审计出不正确的。就拿控制权的转移来说，只有当企业和客户之间的合同同时满足合同各方已批准该合同并承诺将履行各自义务，以及该合同明确了合同各方与所转让商品或提供劳务相关的权利和义务，并且明确了与所转让的商品相关的支付条款，履行该合同将改变企业未来现金流量的风险、时间分布或金额，以及企业因向客户转让商品而有权取得的对价很可能收回这些条件的时候，企业就应在客户取得商品控制权时确认收入。

"如果碰到附有销售退回条款的销售，要注意评价对退回部分的估计是否合理，确定其确认的收入是否正确，检查报表日后所有的销售退回记录，查看是否有提前确认收入的情况。因为对附有销售退回条款的销售，在销售发生转让商品时是不能对此部分的收入进行确认的。如果是附有质量保证条款的销售，也要评价该质量保证是否属于一项单独的服务，如果是，确定其是否作为一项单项履约义务进行会计处理。另外，如果碰到本质上是融资性质的销售，一定要评价被审计单位进行的会计处理是否正确。

"关于交易的价格，要特别注意有时候合同的标价不一定代表交易价格，我们需要根据具体的合同条款，并结合以往的交易习惯等因素来确定交易价格。多问、多看、多比较，多问一些销售人员、财务人员，甚至负责发运的人员，多看一下合同、协议，多进行比较、检查，从明细账查到订购单、销售单、发运单，或者从发运单、销售单、订购单查到明细账。特别是对报表日前后若干天的凭证进行检查、核对，查看有没有人为改变收入确认日期的情况，将客户还没有取得控制权的商品确认为收入，如果仅凭发运凭证或销售发票就将其视为客户拥有控制权并确认了收入，此时的凭证有可能是不全面的，要明确客户是否签收，是否真实取得了控制权。这也要借助交易习惯来进行判断，如果被审计单位的交易习惯是在客户取得控制权后才开具发票，那此时也可以用辅助信息确认收入。有时候，如果我们对被审计单位所获得的审计证据的真实性存有疑问，可能就需要我们走出被审计单位，去跟相关供应商、客户进行沟通、联系，获取进一步的审计证据来消除疑问。"灵樧详细解释道。

"我们还要去找被审计单位的客户？"小米听到这里有点惊讶。

"需要根据实际情况进行评估，不是全都需要。"

"那找他们都怎么做，和被审计单位一样吗？"

"有所不同，主要是针对交易的真实性来开展。你首先要确定访谈对象的身份是真实且适当的，另外要了解他们与客户之间是否存在关联关系，不管是拐了几道弯的关系。可以利用企业工商信用查询工具等网站查询实际控制人、控股股东、关键管理人之间是否有关联关系。特别是被审计单位的管理层自己与客户之间有千丝万缕关系的时候，我们内部审计通过一般的程序是很难查清的。另外也要了解客户的规模、需求与这些销售交易是否匹配，采购这些商品的用途和去向，有没有存在又销售给了被审计单位指定的客户的情况，有没有除销售以外的其他的资金往来情况等。实际上，被审计单位即使配合你去客户那里走访，也要考虑被审计单位与你要走访的对象有没有串通的可能性，不要总认为我们是内部审计，自己集团内部不会有什么问题，这种想法会让我们错失很多证据。"灵樏说道。

"灵樏姐，这个我没明白，总觉得哪里不对。"小米听到灵樏说不要对自己集团内部的事情掉以轻心，忽然想起她看到的一个例行审计的数据，"有一个表彰奖励，是对销售部门的，我看到奖金时感慨了好久，因为太好奇了，我就去看了销售额，与去年相比确实提高不少，但我发现利润却是下降的。我先是怀疑是不是成本上升导致的利润被摊薄，但是一对比，发现成本也没有上涨的变动趋势，又怀疑是不是价格下降了，对比去年的销售价格表，发现定价也没有下降，反而因为市场的原因，个别产品还提了价。我很奇怪为什么利润会下降呢。"

"是不是销售结构变了？"灵樏说道，如果销售结构有所调整，也会影响销售利润的。不排除有这种可能。

"我把销售的产品类型也列了一下，没有发现有变化的地方。"小米说道。

"确实有些奇怪，有销售明细表吗？"灵樏问道。

小米递上了销售明细表，其中还有她核对后的笔记。

"这些产品名称后面缀的数字是什么意思？你有没有询问过销售部门的人员？"灵樏问道。

"问过了，说是方便他们统计用的，收货地址是分公司，为了区分才标了数字。"小米说着，还拿出了她的小本子，上面记着她的询问笔录。

"你核查一下这几个地址，是不是分公司的？"

"我刚查了一个，显示的注册地址和销售明细表上登记的地址不一样，我又用地图查了一下，上面的地址显示的也不是分公司，而是其他公司。"小米马上上网查询了一下。

"确认这些是什么公司了吗？有没有销售往来？"

"确认了，确实有销售往来，但不是登记的公司。"

"走，我们去仓库抽查一下这些销售代码是什么情况。"灵樨说道。

原来有后缀数字的产品和没有后缀数字的虽是同一种产品，但销售价格却相差较大，直接拉低了利润。

"小米，看来我们又要加班了。"

"灵樨姐，这种是什么情况呀？"

"需要排查，通常这种增收不增利的情况还会连带上赊销，目的无非是增加收入拿到奖金、获取回扣等。"

"我们是不是还要对应收账款进行审计？"小米问道。

"与营业收入相配合的就是应收账款，很多企业特别喜欢这个项目，应收账款挂账简直太方便了，想要多少收入就创造多少收入，日后一提坏账又悄无声息冲得干干净净。甚至还有免除债权的情况发生。所以针对应收账款最主要的是确定其真实性，除了常规核查应收账款明细表、复核加计数据，还要分析与应收账款相关的财务指标。最常用的是计算应收账款周转率、应收账款周转天数等指标，结合被审计单位相关的赊销政策，以及以前的期间指标、同行业的相关指标进行分析。计算应收账款借方累计发生额与主营业务收入关系，确定是否合理，并将当期应收账款借方发生额占销售收入净额的百分比与考核指标和赊销政策进行比，如果这些指标存在异常，就需要查明异常原因。对于免除债权的情况，还要核查其合理性，在某些情况下，这可是有可能涉及刑法的。

"针对应收账款，最主要也是最重要的一个审计程序就是函证，通过第三方提供的函证回复，可以比较有效地证明被询证者的存在以及被审计单位的记录是否可靠。"灵樨说道。

"要对应收账款项目下的所有客户都发函吗？"小米问道。

"根据需要选择发函的对象和范围，金额大、账龄长、风险高、有债务纠纷、主要客户、交易频繁但期末余额总是零的项目、重大关联方项目、新增的客户等，这些都是我们考虑发函的重点对象。另外，对函证范围的掌控，把握住这几点就够了，比如对应收账款占全部资产比重较大的，不仅是函证所选择的对象，也需要对函证的范围适当扩大。另外，如果被审计单位的内部控制完全无效或者有效性非常小，也需要扩大函证范围。再比如以前函证回函发现异常较多，或者欠款纠纷较多的，也需要扩大函证范围。

"提醒一点，我们内部审计人员在采用函证时，还应考虑被函证对象的信誉、品德、客观性等，这些因素也会影响审计证据的可靠性。同时，内部审计人员还要确保函证的内容明确，不会被函证对象误解或曲解。可别小看这些小细节，它们也可能会导致审计出现相反的结果。比如你的函证内容被对方误解了，对方的回函可能就没有使用价值了。函证的格式上可以选择积极式函证和消极式函证，我们通常使用积极式函证较多。如果回函没有使用价值或者对方不回函，那我们就要选择替代性程序了。这时，就需要检查资产负债表日后收回的货款，也就是对应收账款的贷方发生额进行检查，并对相关的收款单据一并检查，以证实付款方确为该客户并且的确与日后收回的应收账款有关。检查相关的销售合同或协议、销售单、发运凭证等相关文件，检查被审计单位与客户之间的往来邮件，是否有对销售、发货、对账、催款等事项的描述，并结合被审计单位对收入确认的条件和时点，确定能够证明收入发生的凭证。"

"这样看来，要把虚假的应收账款做得逼真，也不容易呀，不仅需要自己公司内部多方的配合，还需要外部客户的配合。"小米感慨道。

"造假造得辛苦，我们审起来也辛苦。前面挂到应收账款里，后面还要想办法给抹平了。"秦明说道。

"所以查应收账款的时候一定不能忘了坏账准备，通常我们在复核加计以外，也要关注坏账计提与核销的审批程序，并结合应收账款回函结果，来评价坏账准备计提的情况。如果被审计单位编制有账龄分析表，我们倒是可以好好利用一下。核销坏账的审批等级一般都在股东会或董事会层级，要求的核销条件也很严格，在审计时一是确定有无授权审批，二是确定会计处理是否正确。"灵樨说道。

"收入涉及的环节很多，除了销售交易和款项的回收，还有客户的维护，因此对客户档案的建立、更新及维护也要特别关注。在安排内部审计时也需要对此执行审计程序，获取相关的档案政策，询问档案管理人员，检查档案是否连续编号，对档案的变更是否执行了审批程序，有无签字确认等，并抽取样本进行核查。对收入的内部审计要做到像大海一样广而深，表面上还要波澜不惊，不要一发现什么就说收入舞弊，要多方验证、分析，谨慎处理。"灵樨接着说道。

"嗯，虽然舞弊也不容易，要那么多人配合，最起码协调能力要达标，要瞒天过海，能力也要跟得上才行，不过我们还是要看审计程序和审计证据的。"小米不由得发表着感慨，光看审计程序就知道这是一个斗智斗勇的过程。

知识小结

　　收入审计贯穿整个销售环节，涉及从销售政策的制定和审批，到售后服务、客户关系维护的全过程。同时也要注意，有风险并不代表着就有舞弊，这些风险也可能是正常交易的结果。另外，通常被审计单位在进行虚构收入舞弊时并不会单一地使用某一种方式，而是会采用几种方式进行混合，使得虚构行为看起来更逼真，从而加大我们内部审计的难度。

付款审计

"灵樨姐,有大事,林总发火了!"人形消息传播器小米同学又上线了。

"林总发火和我们审计部有什么关系?"秦明不明白小米为什么这么大惊小怪。

"当然有关了,听说是因为我们的产品质量总是被投诉,林总不满意了。生产部门那边查了半天说质量没问题,是消费者乱投诉。林总准备让我们审计部查呢!"小米把听到的消息一股脑儿地倒了出来。

"质量问题为什么让我们审计部来查?"秦明不解地问道。

"林总可能在怀疑是不是采购出问题了。"灵樨说道。

"这和采购有什么关系?采购的质量好坏生产部门不是最清楚吗?"

"如果是以次充好,而相关人员又摸清了检查方法和规律,或者串通一气、里应外合,这种情况也是有可能发生的。"灵樨担忧地说道。她还记得当年刘洋的事情——采购单和其他采购请求混在一起，让人钻了空子，导致购进的材料不合格，造成了不小的损失。也是那件事情，推动了审计部门的成立。

"都说销售提成最多，实际上采购才最赚钱，你看新闻上出事的，不都是采购部吗？你见过几个销售部的？"小米这是典型的被算法推送的结果洗脑，刚看过新闻上一个某头部公司采购部舞弊的新闻，就会看到更多这方面的新闻。

"采购现在不都是招投标的吗？一切在网上进行，多么'伟光正'，怎么还有那么多舞弊？"小米还惦记着采购舞弊的事情。

"串标、陪标、改标、虚假投标的事件也很多，采购的审计也离不开对标书的审计。在审计这件事情时，你们俩也别忘了要标书，重点关注中标的标书报价如何，并与其他参与投标的和行业相关价格作出对比，查看标书中有没有混淆概念的地方。特别是涉及单位的地方，有没有缺陷或错误。"灵槊交代着。

"我们要是介入，是不是要对应付账款着重检查？"秦明关心的是接下来要如何审计。

"主要是应付账款，连带的还有费用类的审计。"灵槊说道。

"你们先自己想一下，采购活动的流程一般是怎样的？比如你家里要采购货物，都是怎么做的？"灵槊没有往下说，而是抛出了一个问题。

"我呀？淘宝上淘的，看中就下单付款了。"小米不假思索，脱口而出。

"哈哈哈，果然女人就是冲动型消费。"秦明仿佛早就猜到了小米会这样说。

"你不冲动？你还制订了一个计划不成？"小米反问道。

"对，我就是会制订计划，比如买房、买车，我在开始工作的时候就定好了，每年拿出多少钱存入购物基金，日常消费我也会做出计划，每个月花多少在购物上，也会货比三家，选出性价比最高的。"秦明说道。

小米撇撇嘴，没再说什么，她活得随意，这点她确实没有计划性，日常购物都要货比三家她觉得太累了。

"如果是我，我会先做出计划，列出采购单，然后寻找供应商，采购付款，收货后验收入库。"秦明认为一家公司的采购流程最少应该包括这些。

"差不多了，主要的流程已经包括了。采购是企业生产经营活动的起点，通常企业会做出采购计划，寻找供应商，进行供应商维护，列出供应商清单，然后由各部门提出请购申请，由采购部门订货，货到后验收入库，根据卖方提供的发票进行付款，因此整个采购的过程会涉及采购计划表、供应商清单、请购单、订购单、验收及入库单、供应商发票、付款凭证、转账凭证、应付账款明细账、现金日记账和银行存款日记账、供应商对账单等。"灵樨说道。

"我们都要问什么问题？"小米现在最想要的就是问题列表。

"拿去。"灵樨已经备好了问题列表。

1. 公司的采购流程如何？

2. 公司的采购部门是如何构成的？

3. 公司的采购类型或方式有哪些？

4. 公司采购部门的人员是否定期轮换？

5. 公司是如何选择供应商的，是否有相关政策支持？

6. 公司是如何管理供应商的，有无建立供应商档案并进行维护？

7. 公司的供应商档案是如何修改、如何授权审批、如何更新和复核的？

8. 公司采购商品的定价是如何确定的，是否包含在供应商主文档里？

9. 公司供应商资格是否定期审核？如何审核？

10. 公司采购计划的制订流程和审批流程如何？

11. 公司采购合同由谁签字审批？

12. 公司的采购合同是否通过法律事务部门的审核？

13. 公司的采购合同有无连续编号？

14. 公司的采购合同如何归档、保管？

15. 公司是否定期对采购计划进行更新、修改？流程如何？

16. 公司如何处理采购计划外的采购事项？

17. 公司采购的运输方式如何？

18. 公司采购的付款方式如何？

19. 公司采购的货物如何验收入库？

20. 公司采购的货物不符合要求时如何处理？

21. 公司采购是如何验收的？

22. 公司的入库单是否连续编号？

23. 公司的采购付款审批程序如何？

24. 公司是否制作有应付账款账龄分析表？

25. 公司的费用报销流程如何？是否有相关政策？审批是否有适当授权？

26. 公司如何核对与供应商的付款？

27. 公司是否定期对费用进行分析？

28. 公司是否有外币采购事项？

29. 公司是否有采购退回的情况，处理程序如何？

30. 你在现在的工作中，最关心什么？

"采购同样离不开职责分离，有效且适当的职责分离有助于防止各种有意或无意的错误。在采购的职责分离中通常会涉及申请、审批、付款这些岗位，而这些岗位要起到互相制约的作用就要聘用不同的人员进行负责，因此，采购的职责分离也是围绕着这些岗位设计的。至少要做到请购与审批不能由同一人担任，询价与确定供应商不能由同一人负责，还有采购合同的订立与审批不能由同一人负责，另外，采购与验收、采购与保管、付款审批与付款执行也要相互分离。

"在授权审批上，比如采购部门只能向通过审核的供应商采购。所以在查看供应商名单时，要注意查看供应商名单是否经过审批。填写请购单时，也需要所在部门的负责人员签字批准。可别小看了请购单，可以说它是采购交易轨迹的起点。"灵樨说道。

"也就是部门需要什么，都要通过请购单来反映。有审批就避免了乱申请的现象，别浪费公司资源。"小米迅速理解了请购单的作用以及审批的意义。

"请购单可以不用连续编号，因为每个部门都可以填写，但验收入库时的验收单就需要连续编号了。付款时订购单、验收单、供应商发票内容要一致。

"有计划的采购可以防止资金被过多地占用，也可以避免生产及销售受到影响，避免存料不足而不能满足生产。因此，需要关注采购计划的内容是否完整，是否包含了采购的品种、数量、价格、质量要求、批量进度安排以及资金计划，询问采购部门的人员并获取采购计划，检查有没有经过审批确认。另外，还要确定采购计划在各个相关部门是否一致，如有变更，同样需要检查各个部门变更的内容是否一致。要关注采购合同有没有潜在的法律风险，或者是否存在本不应该由自己公司承担的合同约束，有没有潜在的利益损失，有没有妥善归档，会不会涉及信息的泄露。除了询问相关人员，还要抽取合同样本进行检查，对涉及法律纠纷的情况，必要时可以寻找法律人士的帮助。在管理层审批时，要记得获取被授权人员的名单，避免出现检查时只要发现有审批人员的签字就默认为符合规定，而忽视了越权审批或无权审批的情况。合同如果有借阅，要检查借阅登记簿，查看有无借阅事由、日期、借阅者、审批人的签字等，还要检查归档的合同是否已连续编号，保管合同的地点、方式是否安全。"

"找自己公司的法律顾问可以吗？"小米听到要找法律人士帮助就问道。

"这就要看问的事情了，如果你要问的事情恰好是公司法律顾问处理的，就不方便了。最好找外界无关联的人士询问。

"在采购定价上，首先看采购定价是否合理，有没有经过询价过程，有没有经过管理层审批，有没有专人核对，定价是否定期更新，更新时有无审批。除了必要的询问，还要从公司的采购产品基准价格表中抽取样本，跟踪到询价记录上，检查基准价格的确定是否正确，操作人员、复核人员和审批人员有没有签字确认。从采购合同中抽取合同样本，检查价格与基准价格或公司的询价结果是否相符，并检查相关人员及审批人员的签字。

"在供应商的选择上，要看被审计单位是否有制定供应商分类标准，并制定不同类别的管理方法。所选择的供应商是否符合公司的经营目标和最大利益。供应商的更新是否符合公司的规章制度，对供应商的信息修改有没有做到及时、完整，档案保管是否做好了保密处理。因此，我们在询问时要抓住对供应商标准的制定人、制定方法等的询问，并注意查看候选供应商的数量。只有一个供应商候选人时。要留意检查出现这种情况的原因，以及出现这样原因的合理性和应对方法。注意查看在对供应商的选择上有无管理层的审批，可以从供应商名单中抽取样本，检查是否有相应的审批单据，是否有各部门的综合评价，操作人员对政策的了解及执行情况。了解原料质量问题是如何监控的，是否及时反映给供应商，这点可采取抽样的方法。另外，要了解对供应商定期复核的频率情况，是采用什么样的方法复核的，可以采用抽样法抽取样本，查看相应的评价报告，判断是否经过了公司的复核流程。

"要了解购货过程是如何保障采购的数量和质量的，所采购的原料是否符合生产和运营的需要。实际购货时如果不按计划执行，那再好的计划也只是一个计划。因此，在实际执行时还要询问相关人员采购程序是如何控制的，超计划采购的审批权限是如何规定的，有书面记录就要获得书面记录，并对获得的证据进行检查复核，可以从采购记录中抽取样本进行检查。"灵樨说道。

知识小结

采购的审计离不开对标书的审计。要重点关注中标的标书报价如何,并与其他参与投标的和行业相关价格作出对比,查看标书中有没有混淆概念的地方。特别是涉及单位的地方,有没有缺陷或错误。

03 内部审计审什么

存货管理审计

"小米、秦明,这是存货审计需要提前了解的问题,你们俩看一下。"灵樨直接把需要提前了解的问题给了小米和秦明。

1. 采购物资的入库流程是怎样的?
2. 收货前是否收到采购部门的收货通知?
3. 到货时是否按收货通知进行清点并收货?
4. 是否有独立的货品待收区域?
5. 入库前是否有质量检查人员进行质量检查?
6. 入库单是否预先连续编号?
7. 公司的原材料是否根据生产计划发出?
8. 领料单是否经生产部门经理签字?
9. 领料单是否预先连续编号?

10. 月末是否和采购部门对账？

11. 如果有差异是否进行调整？

12. 公司存货的主要性质、类别是什么？

13. 公司存货是否存放在安全的环境中，是否只有经授权的工作人员才能接触及处理存货？

14. 公司是否有书面的仓库操作流程或收发货流程？

15. 公司是否有产成品和半成品入库流程？

16. 公司是否有书面的产成品发货流程？

17. 公司的产品发货时是否依据销售部门的发货通知单？

18. 公司的出库单是否预先连续编号并连续使用？

19. 公司的出库产品是否经仓库管理员和运输人员签字确认？

20. 公司的产成品明细台账是否与发运通知单核对？

21. 公司的出库产品是否和销售订购单一致？

22. 公司的仓库台账是如何登记的？由谁登记？记录的存货信息有哪些？

23. 公司的盘点流程是怎样的？是否有财务人员进行监盘？

24. 公司的盘点表是否预先连续编号？

25. 公司的盘点表和盘点标签在盘点结束后是否全部收回，包括已使用和未使用的盘点表和盘点标签？

26. 公司是否有定期编制存货货龄分析表？

27. 公司是否对滞销存货计提存货跌价准备，并计算存货可变现净值？

28. 公司的生产部门和仓储部门是否每月上报冷背残次存货

明细？

29. 公司的冷背残次存货是如何管理的？

30. 公司的存货是否有保险？保险范围和金额是怎样的？

31. 你在现在的工作中，最关心什么？

"我们是有新任务了吗？"小米问道，前两天的意外收获让她念念不忘。

"生产部门私下里让运输车队的人帮忙运输，林总怎么会坐视不管？一定会有所行动的。"秦明说道。

"先别八卦了，存货一般是从原材料入库开始的，通常会经历在产品和原材料的出库、在产品和产成品入库、产成品出库、存货的内部转移、产品的盘点、冷背残次的管理等几大流程。从原材料入库开始，你们俩需要去生产部和仓储部实地了解原材料、在产品的领用和发出流程及执行状况等，要到一份书面的操作流程，然后复核流程的完整性和管理层的确认情况。再使用抽样的方法从仓库台账的在产品和原材料发出记录中抽取一些样本，追查到领料单，核对一下双方记录是否一致，领料单是否连续编号，填写是否正确，有没有部门负责人的签字。评估发出控制的有效性。

"对在产品和产成品的入库管理上，要了解基本流程以及存放管理要求。获取质检报告，查看有没有经办人和复核人的签字，去现场看一下仓库的管理状况，产品都是如何堆放的，合格的和不合格的产品是否分开堆放了。还要查看入库单，检查产品的数量和品种等是如何记录的，入库单是否连续编号，有没有经办人和管理人员的签字。再查看一下调节表，看有没有差异，差异是如何调查调整的，必要时对调查结果进行核实。

"如果存货有内部转移，还要获得内部转移的书面操作流程，了解转移有没有满足生产销售的需要，有没有将公司的运营成本缩小到最小化。需要查看调拨单有没有审批签字，调入和调出仓库有没有按照调拨单收发货并签字确认，调拨单有没有预先连续编号。还要检查有没有异地调拨，了解调拨过程中的损耗是如何处理的，获取损耗率的定期分析报告，抽样计算并进行推断，分析损耗是否合理。

"针对冷背残次，要了解相关的管理制度，取得并审核相关的制度文件，分别去财务部门和仓库保管部门询问了解冷背残次的管理方式及相关控制要求。到现场观察实际的存放状况，评估现场管理情况。了解存货的跌价准备是如何计提的，获取书面制度文件，查看有没有管理层的签字确认。抽取并复核存货跌价准备的计算是否正确、依据是否充分、方法是否适当。考虑公司的既往情况，分析存货跌价准备计提和冲回情况有无异常，评估存货跌价准备计提的真实性和充分性。找仓库保管员了解一下冷背残次的存货是如何处理的，是否及时交予财务部门入账。获取处理台账记录，与财务部门进行核对，查看是否相符。获取冷背残次存货的货龄分析表，评估一下合理性，查看有没有相关管理层的签字。

"针对存货的报废，要了解存货报废的管理是否有效，有没有经过鉴定和适当审批。如果存货报废没有经过鉴定和审批，很可能导致公司存货丢失，那么公司的资产安全一定会受到影响。可以获取存货报废申请表，检查是否有就存货的报废原因作出说明，有没有相关部门的鉴定和审核记录，是否按照相应的授权审批程序进行办理，有没有未经审批私自报废，报废的物资是否都定期移交废旧物资管理处，并办理了相关手续。

"存货的存放及安保也是存货管理审计需要关注的。比如存货的保险情况，就需要找财务部门和仓库管理部门的相关人员进行访谈，了解存货保险的范围、申购流程等相关控制要求。可以获取相关的书面文件、保险合同等，检查有没有授权审批、相应的询价记录、法律部门的意见等。向仓库管理部门询问有没有危险品、有害物品，这些物品是如何管理的，相关的流程政策是怎样的，获取这些政策的书面文件，实地观察并评估执行情况。向仓库管理人员询问出入库房的控制和管理情况，获取登记簿，查看出入库人员的登记情况，并现场观察人员出入库时是否按照流程执行，有没有不登记的情况发生。对于仓库的消防安全，要询问消防管理人员，向他们了解公司消防安全的总体情况，获取标有重点保护区域的平面分布图，询问是如何应对灾害的，有没有灾害复原计划，如何执行，平时的消防演练多久进行一次，有没有演练记录，然后获取这些演练记录，去现场查看消防设施和消防通道的有效情况，对消防设施的保养情况要重点关注，获取相关的保养检修记录，抽样检查是否有消防负责人员的复核及确认，进而评估消防安全的有效性。"灵楒说道。

"存货是不是主要关注数量和单价？"秦明问道。

"除了数量和单价，还有存货的状况。要搞清楚账面存货余额对应的实物是否真实存在，属于被审计单位的存货是否都登记入账了，仓库里的存货是否都是属于被审计单位的，关于存货的单位成本的计量是否准确，存货的账面价值是不是都可以实现。如果被审计单位的交易量大，业务复杂，成本核算又复杂，就会增加错误和舞弊的风险。存货存放的地方多，就会增加转移途中毁损或遗失的风险，如果两个存放地点重复记录，会造成存货账面登记与实物不符的情况。"灵楒解释道。

"我们是不是还要去现场盘点库存，什么时候去呀？"小米问道。

"现场是一定要去的，但盘点不是我们的事，我们的工作是去监盘。"灵樨说道。

"哈哈哈，还是人家做着我们看着呗。"

"存货监盘时会面临各种各样的问题，比如时间怎么安排，监盘地点怎么选，使用什么方法等，这些在监盘前都要考虑好。"

"我先去把存货的存放地点清单要过来。"小米说着就跑了出去。

"清单传过来了，我们先去哪个地方？"小米速度还真快。

"你确定所有的存货存放地址都列在了这张清单里？"灵樨问道。

"确定呀，我反复问过了，对方说都在上面。"

"你都问了谁？"

"给我清单的人。"

"除了问给你清单的人，你还要去问问管理层和财务部门以外的其他人员，从更多的人那里了解存货存放的情况，有时候仓库人员都可能比财务人员更清楚情况。你要搞清楚这份清单中有没有包括期末存货量为零的仓库，有没有把租赁的仓库包括在内，还有没有存放在外边让别人代管的仓库。你要获得的不只是这一份清单，而是要尽可能地多要几期的清单，好比较不同时期存货存放地点的变化情况，判断有没有因为存货存放地点的变动而没有纳入存货盘点范围的仓库。同时借助存货的出、入库单，检查有没有漏掉的地方。还要查看财务的费用支出明细账，看有没有支付仓库租赁费的情况，有没有租赁合同，如果有，看一下有没有在这份清单里。另外，你还要查看固定资产明细账，判断一下有没有其他可能当仓库存放存货的地方。如此，你才能确定这份清单是否列上了所有的存放地址。"灵樨说道。

"啊？一份清单要有这么多程序！"小米感叹道。

"并不是要你把所有的都做一遍，只要能确定这份清单是完整的、没有遗漏就可以了。"灵樑说道。

"这么多存货地点，我们去监盘哪个？时间怎么安排呀？"小米问道。

"可以根据存货的重要性，以及对各个地点与存货相关的重大错报风险的评估结果选择监盘地点，也就是首选金额大的、性质特殊的、风险高的去监盘。如果你觉得风险较大，甚至可能有舞弊的情况，就不要提前通知被审计单位你要去哪个仓库监盘了。也可能会在同一天对所有的存放地点的存货进行监盘。

"现场监盘的时候，要先看看现场，确定一下要盘点的存货已经整理排列好了，也都贴有盘点标签，没有遗漏和重复盘点的现象，也没有把不该盘点的存货纳入到了盘点范围。盘点中如果对方的工作不能暂停，就需要划分出过渡区域来，把预计在盘点期间领用和入库的存货都移动到过渡区域办理，避免被重复盘点。注意不要把已经确认为销售但还没有办理装运出库的产品盘点进去。盘点完之后，还要再'打扫一遍战场'，看看有没有遗漏的，盘点表一定要全部收回来，不仅要收回已经填写的，还要把没有用过的空白盘点表，以及填错了的盘点表也都收回，一定要确定盘点表是连续编号的，没有跳号、空号的现象。"

"监盘的时候也不要人家做着你看着，还要上手自己去检查。比如整箱码好排列整齐等着盘点的产品，你怎么就知道箱子里装的都是合格产品呢？或者说，你怎么知道箱子里装的就是产品，不是砖头呢？所以，一定要开箱检查，不仅要查数量够不够，还要看状态是否正常，有没有过时、毁损、陈旧的存货。如果是需要磅秤去称量的，还要记得在监盘前和监盘中对磅秤的精准度进行检验,磅秤的位置是否移动,移动后有没有重新调整磅秤,如果需要换算称量尺度的,还要检查称量尺度的换算问题。除了整箱存放的物品,还有散装物品,散装物品一般不能直接清点,需要借助容器、测量棒,或者选择样品进行化验分析,也可能需要借助专家的工作来确定物品的数量和质量。而堆积型物品和散装物品的监盘方法又不一样,堆积型物品要用几何计算或工程估测的方法估计出存货的数量。"灵樨说道。

"哈哈哈,这也算是个性化、一对一服务了。"小米看到不同的存货要用不同的方法监盘,破天荒地没有抱怨,反而学会苦中作乐了。

"有些内部审计只要交一些盘点表给审计部门,这不是更省事吗?"秦明问道。

"被审计单位定期执行存货盘点,是为了确保存货账实相符,而我们进行监盘,是为了确定被审计单位的盘点程序及相关的内部控制是否可行,是否有错报风险。如果只把盘点表交过来,你审的是盘点表还是盘点程序?3分钟可以把全年的盘点表填完,你怎么判断是平时的真实盘点,还是应付内部审计的突击填制呢?所以一定要至少执行一次监盘。

"盘点后要分析盘点的结果,有没有盘盈盘亏,盘盈的物资是否真实存在,有没有到货未入账、已办理领料手续但未出库、已出售却未提货、外单位寄存物资作为盘盈物资的情况。查看盘盈的物资有没有不入账或长期挂账不转的情况。分析盘亏的原因是什么,是自然损耗还是人为因素?账务处理是否正确,盘亏物资的审批手续是否合法、完备?有没有不经审批私下任意自行核销的情况,有没有长期挂账不转,造成虚盈实亏的情况。"灵樨说道。

"原来一个小小的存货，竟然涉及这么多内容。"小米觉得存货只是存放在仓库的物品，盘点也只是去清点一下，而作为内部审计人员的她，也只是需要去监督一下仓库人员的盘点过程就好，看来她想简单了。

"存货关系着成本，也关系着利润，同时预示着公司的经营情况，存货的稳定也代表着公司经营的稳定，存货怎么会是'小小的'呢？"秦明真是不放过任何一个和小米抬杠的机会。

知识小结

对已经获取的存货存放地点清单，还要确认其完整性。监盘地点的选择要根据存货的重要性以及对各个地点与存货相关的重大错报风险的评估结果来选择，可以首选金额大的、性质特殊的、风险高的地点进行监盘。监盘时对于箱装产品要开箱检查，不仅要检查数量，还要检查状态是否正常。对使用的磅秤也需要在监盘前和监盘中对其精准度进行检验，查看磅秤是否移动，千万记得移动后要重新调整磅秤，对于需要换算称量尺度的，还要检查称量尺度的换算是否正确。对于散装物品，必要时可以借助专家的工作来确认情况。

固定资产审计

"除了需要重点关注的存货资产管理审计,固定资产管理审计也是不可忽视的一项资产审计。"灵樨说道。

"我知道,固定资产最重要的是折旧,因为它可以操纵利润。"小米说道。

"操纵利润事小,一盘点,发现有莫名其妙丢失的固定资产才是大事,这背后肯定存在着舞弊和管理缺陷。"有了存货的例子,秦明的关注点已经上升到管理角度了。

"小米关注折旧也没错,折旧确实会影响利润,这也是我们审计的一个子项。秦明关注固定资产的盘点也没错,这也是我们审计的一个子项。固定资产从购置及入账到固定资产折旧、调用、维护、处置等全过程的管理都需要关注到。除此之外,还需要关注固定资产的盘点、租入和固定资产档案的管理。这些都是固定资产管理业务的审计项。"灵樨说道。

"我们是不是还要从问问题开始？"小米已经摸清了灵樨的套路，从问一个好问题开始，用问题来引发思考。

"是的，提问题是很好的了解事情的方法。所提的问题最忌空泛，比如介绍一下你最近的工作进展之类的，问这类问题，你也不会从对方的回答里得到有用的信息，因为在面对这类问题的时候，对方的回答同样会很空泛。这时问的问题要细，针对你想了解的直接问到具体的操作上，这样得到的回答也是具体的。"灵樨说道。

1. 公司的固定资产分为几类？
2. 公司的固定资产归属于哪个部门管理？
3. 公司的资本类支出有没有预算管理？
4. 公司的资本类支出预算是如何执行的？由谁审批？由谁监控？
5. 公司的固定资产在购买时是如何挑选供应商的？
6. 公司在购买固定资产时对于超过一定金额的固定资产是否经过多家比价？是否签订采购合同？
7. 公司在购买固定资产时是如何进行审批设置的？
8. 公司的固定资产有没有内部调拨、租赁、购买的情况？
9. 公司是如何决定固定资产的购买和租赁的？有没有相应的成本分析依据？
10. 公司所添置的固定资产是否符合公司的发展目标？
11. 公司的固定资产是如何验收的？由哪个部门验收？
12. 公司的固定资产是否单独设置固定资产卡片账管理？

13. 公司的固定资产是否有统一的标签编号？

14. 公司的固定资产是否有专人负责管理？

15. 公司的固定资产采用何种折旧政策？

16. 公司固定资产的折旧规章近两年是否有过变更？变更的理由是什么？

17. 公司固定资产的折旧的计提是人工还是系统自动生成？

18. 公司的固定资产折旧是否有税后差异？是否进行纳税调整？

19. 公司的固定资产有无减值现象？衡量的依据是什么？

20. 公司的固定资产是否计提减值准备？是如何计算的？

21. 公司的固定资产是否有内部调拨，操作流程是怎样的？

22. 公司的固定资产利用率如何？是如何分析的？

23. 公司是否有融资租赁的固定资产？是如何进行账务处理的？

24. 公司是否有经营租赁的固定资产？是如何进行账务处理的？

25. 公司租入的固定资产和购入的固定资产在管理上有何不同？

26. 公司的固定资产是否定期进行盘点？多久盘点一次？

27. 公司在固定资产盘点中是否有发现盘盈、盘亏的现象？是如何处理的？

28. 公司是否存在不使用或者未使用的固定资产？

29. 公司的固定资产是否定期进行维修管理？

30. 公司固定资产的维修是选择内部维修还是外部维修？

31. 公司的固定资产是否有保险？

32. 公司是如何处置报废的固定资产的？由谁审批？

33. 公司与固定资产相关的文件资料是如何归档的？由谁负责？

34. 你在现在的工作中，最关心什么？

"这些问题好像覆盖了从固定资产的购置到固定资产的折旧、维修、处置、盘点的全过程。"小米拿着问题清单看，发现这些问题的设计完全围绕着固定资产审计的项目。

"你才发现呀，问题当然要围绕着审计工作设计了。"秦明说道。

"固定资产不管是购入还是租入，都要对其进行管理，对所有固定资产进行编号，并在固定资产上贴上标签，建立固定资产台账，编制固定资产清单，注明固定资产编号、类别、使用部门、地点、购买价格、折旧、净值、预计使用年限、已使用年限、资产状态等信息，如有新增、处置等固定资产的变动，还需要及时对固定资产台账和清单进行更新。固定资产的资料在进行修改时，要有相应的合法手续。所以，我们在对固定资产进行内部审计时，固定资产清单和台账是必不可少的。固定资产的管理制度和编码规则，以及固定资产的保存和更新流程也要了解。"灵樨说道。

"先要核对清单的完整性，存货盘点时对存放地点清单就是这样的。"小米的记性不错，尤其是做过一遍的，还能举一反三。

"不错，小米，奖励你一杯奶茶。"灵樨夸奖道。

"从固定资产的购置来说，固定资产购置一定是符合公司的经营计划及预算,所要购买的固定资产一定是生产经营切实所需的。在购置价格方面需要保证公平合理,购买的质量要符合合同及生产的要求。相关会计信息要保证完整、准确和及时。针对这些情况我们需要和采购预算部门、财务部门、资产使用部门等的人员进行沟通询问,要获取相应的书面文件。比如向采购预算管理部门获取固定资产年度预算制订流程,然后对照流程制度来评估固定资产的预算流程是否符合文件的规定,可以使用抽样的方法从归档的预算文件中查看是否有相应的管理人员审批确认。从固定资产明细账中倒查到固定资产的采购申请单、购买凭证等,查看有没有申请部门负责人及相关管理人员的审批签字,流程是否符合规定,寻找预算外的采购申请,查看有没有管理层的签字确认。获取固定资产的采购记录,查看对超过一定金额的固定资产的采购有无更高层级的管理人员审批确认,有无经过多家书面询价,有无书面采购合同。询问固定资产的调拨、租赁、购置的预算制订和偏差的分析过程,获取预算分析表,查看有无偏差。询问财务部门的人员,了解固定资产明细账是如何登记的。询问资产管理部门的人员,了解固定资产台账的登记流程。从固定资产台账中抽出若干记录与固定资产明细账进行核对,同时从固定资产明细账中抽出若干记录与固定资产台账进行核对,查看有无异常。向采购经理询问对供应商的复核频率、复核方法和程序,可以从供应商清单中抽取若干供应商,查看其相应的评价报告,寻找供应商清单中有没有不合格的供应商,确定供应商清单是如何更新的,有无管理层的审批记录。

"再说固定资产的折旧。首先,固定资产的折旧一定要符合国家的相关政策法规。其次,要反映真实的会计记录。因此在固定资产折旧的审计上,要先获取书面的固定资产折旧政策,询问相关财务人员对相关政策的了解程度及执行情况。同时需要了解固定资产折旧的计提流程，复核固定资产折旧额的计提，检查是否计算正确，对于新增的固定资产，要关注计提折旧的时间是否符合规定。从折旧计提凭证中抽查若干凭证，检查有无财务负责人的复核签字。向财务人员询问已提足折旧的固定资产和停止计提折旧的固定资产情况，获取固定资产清单，查看固定资产清单中对该类固定资产有无标记，检查固定资产折旧计提表中有无对该类固定资产继续计提折旧的情况。

"对于固定资产维修的审计，要确保资产的完整性，确保固定资产能够正常运转，同时又要能够节约维修成本，有保险的情况下可以获得足额的保险补偿。我们在内部审计时要先向固定资产管理部门和财务部门询问固定资产的保管制度、维护制度、投保记录，并获得相应的书面文件，然后去现场查看固定资产的保管情况，看有没有按照保管制度执行，偏差有多少。对于固定资产的维护，如果只是查看维护制度，去财务部门查看维修费的凭证记录，大概率查不到什么。"灵樨说道。

"那要怎么查？"小米一听查不到什么便好奇地问道。

"对于固定资产维修与保养的审计，常见的问题会是内外串通虚报维修费用，或者是维修配件随便领用以及虚假购买。这时，常用的审计方法是很难发现问题的，需要我们去了解维修记录、维修配件的购买与使用，去外部调研市场上的同类型维修情况，并且需要多调研几家，与内部的维修情况进行对比分析，分析维修的合理性，该不该维修，应该如何维修，判断是否有过度维修或虚假维修。查看配件购买的询价记录，确保价格合理。到现场实地查看更换的零配件的品牌、规格、型号、新旧程度等是否与记录相符，同时检查更换下来的旧零配件的情况。除此之外，还要检查维修费用支出是否有超预算的情况，费用的变化是上涨还是下降，变化幅度是否正常，是否和公司经营发展需要或固定资产性能以及消耗过程相匹配。超过预算的维修支出有没有更高层级的审批确认，大额的超预算维修支出是否有上会讨论的会议记录。对维修单据的检查要注意编号是否连续。分析人员的维修频次与维修状态，如果某一个员工有超过正常频率维修，那一定就是需要我们进一步执行审计程序的异常情况。同时还要了解管理人员是否定期查看维修记录以及查看的频率。"灵樧说道。

"如果是被迫维修，比如出了事故，是不是还要看保险的赔偿情况？"秦明问道。

"需要，固定资产的投保情况也是我们进行内部审计时需要了解的，要了解固定资产的投保政策、投保范围、保障期限等，获取相应的保险单，评估保险单保险范围是否可以充分覆盖固定资产损失的风险。询问并了解是以什么依据来选择保险公司的，最好是获得书面文件，用以判断是否具有合理性。对于获得的赔偿，要查看相应的财务记录，确定是否已足额、及时入账。查看有没有责任人的赔偿，如何界定是否需要责任人赔偿，以及赔偿款是否收到等。

"除了维修，还有固定资产的内部调拨以及租入、处置的情况，比如内部调拨，程序要符合公司规定和整体规划，资源调配要合理，有效地利用现有资源，而不会形成资源浪费和倾斜，调拨的固定资产要及时办理交接手续，记录要正确，及时更新固定资产账簿记录和台账记录。我们需要获得书面的内部调拨流程，确认有没有管理层的认可。向资产管理部门、资产使用部门、管理层相关人员进行询问，以了解他们对资产调拨流程的认识程度。使用抽样的方法从已归档的调拨单中抽取样本，查看填写的内容是否完整，是否有调拨双方的部门负责人、经办人、使用人，以及资产管理部门的审批签字。获取书面的资源利用效率报告，检查该资产利用效率的执行情况。检查内部调拨单，查看是否及时登记相关账簿和台账。

"关于固定资产的租入，要确定该租入是否为公司所必需，是否有非法租入的风险或未经授权的租入，租赁的价格是否合理公正，租赁费用的支付条款是否合理，有没有未经授权的支付或者是重复支付，对租入固定资产的账务处理是否正确完整。这就要求我们对被审计单位的租赁流程进行了解，获取书面的流程制度，并询问资产使用部门的相关人员及管理层相关人员，了解他们对固定资产租赁流程的了解程度。从固定资产租赁申请单中抽样检查租赁原因、资产租出方、租赁资产名称、是预算内租赁还是预算外租赁、选择的哪家供应商以及选择该供应商的原因，并检查有没有相应的审批确认。抽样检查租赁合同，并确认有没有法律部门的相关审核确认记录，有没有双方的管理层签字及盖章。向财务部门和固定资产使用部门的相关人员分别询问有关租赁费用支付的流程，获取租赁费支付申请单，抽样检查是否有审批签字，是否注明了租赁费的支付方式、租赁期限、租赁起始日期、资产状态等信息，检查记账凭证，查看后附的交易记录是否完整，有没有相关人员的审核签字，检查有没有对融资租入的固定资产单独列示登记。询问固定资产管理人员，是否对租入的固定资产建立登记簿登记管理，检查登记簿记录情况，是否注明了使用部门、使用日期、资产状态等信息。

"关于固定资产的处置，其处置要满足公司的政策，这是为了避免公司资产的流失。另外，固定资产处置的价格是否公正合理也是我们需要关注的，要防止可能产生的舞弊。处置之后的账务处理是否及时登记更关系着是否可能导致错误的会计信息。我们在进行内部审计时要了解固定资产处置的流程，包括复核资产处置申请的流程。向财务部门的相关人员了解固定资产处置的账面净值和出售价格，分析价格是否合理。检查相关账务记录，查看相关款项是否及时收回并登记入账。抽查固定资产处置申请表，查看申请表上是否注明了该处置固定资产的编号、名称、处置原因、价格等信息，是否有相关经办人、复核人、审批人的签字确认，包括资产管理部门、资产使用部门、财务部门的负责人的审核意见和签字。查看有没有未授权审批的资产处置。"灵樨说道。

"固定资产是不是也有盘点，和存货盘点一样吗？我们要不要监盘？"小米问道。

"固定资产盘点同样是不可或缺的资产管理方式，对固定资产进行定期盘点，可以保证资产的完整，并且保证账实是相符的。"灵樨说道。

"那我们的重点是不是要放在固定资产盘点上？"小米问道。

"如果想确认固定资产盘点值得信赖，就要确定固定资产的盘点是有效，而不是流于形式的。只让被审计单位交一份固定资产盘点表是无济于事的。先要了解固定资产的盘点程序、频率、盘点制度。询问基层人员尤其是具体使用固定资产的人员对固定资产盘点的了解程度，以此判断公司对固定资产盘点的频率及流程操作的规范性。了解盘点小组的成立情况，人员构成等，看盘点小组里是否包含了必要的人员。获取固定资产清单，与固定资产盘点表进行对比，查看是否有未盘点的固定资产，对固定资产的使用状况是否有做说明。使用抽样法从固定资产清单中抽取若干个固定资产，现场进行盘点，观察固定资产盘点程序、盘点制度是否合理规范，查看固定资产盘点表是否有盘点人、监盘人、复核人、固定资产使用人等的签字确认，向盘点参与人分别询问盘点情况。了解盘点过程中是否有盘盈、盘亏的资产，是否调查了差异产生的原因并及时出具有盘点差异报告，并上报有关部门签署处理意见。检查财务会计记录，查看财务部门是否已依据审批意见进行了相应的账务处理。同时检查固定资产卡片，查看是否已同步调整更新。了解在盘点中有没有闲置的固定资产，如有闲置资产，了解有没有分析原因并对其资产价值进行评估，并了解评估的方法。获取闲置资产分析报告，查看有没有管理层的处理意见。了解固定资产有无减值的情况，获取对固定资产减值的分析报告，了解计算方法，并评估计算方法是否合理。之后还要查看财务会计的记录，查看固定资产减值的账务处理情况。"灵樨说道。

"我对固定资产的印象还停留在空调、打印机、车辆、房屋、机器设备上，总觉得这些固定资产有什么好审的，查一查、看一看也就过去了，原来这么多细节要注意。"小米觉得她以前认识了个"假的"固定资产。

"这些平时被我们小瞧的固定资产，实际上也是舞弊的温床。"灵樨说道，"我们平时只关注折旧和减值，因为这些影响利润，其他的还真忽视了。

"折旧和减值经常被提起，因此关注多一些也不为过，但固定资产的内部审计并不只是针对这两项。从取得到处置，从分类到计价都要涉及。有些被审计单位也可能把低值易耗品和固定资产进行混同，造成固定资产的管理混乱。把未使用的固定资产划入生产经营用固定资产，增加当期折旧费用，使生产费用上升，固定资产内部结构发生变化，从而导致固定资产使用率虚增，这样也会使管理者做出错误的决策。另外在内部审计中也需要关注小金库。"

"固定资产为什么会涉及小金库？"小米好奇地问道。

"在固定资产的增减变动中都可能涉及固定资产价值的改变，尤其是在固定资产的处置中。举个例子，公司一辆运输汽车的处理，当作旧车处理和卖给废旧物资回收处的价格是不一样的。单从给废旧物资回收处来说，不同的时间回收的价格也是不一样的，可能一月份就已经实际处理并收到款项了，而相应的票据却是三月份按照当时的回收价格开具的，将差额存入小金库，关键人员之间也会相互配合，这样打了个时间差，就有可能将20000元的收款以4000元处理了，如果我们忽视了处置时间和票据时间的差别，可能就会漏掉一些重要信息。"灵樨解释道。

"还真是防不胜防呀，没有你遇不到，只有你想不到。"小米感叹道。

> **知识小结**
>
> 固定资产的审计要覆盖从固定资产的购置，到固定资产的折旧、减值、维修、处置、盘点全过程。另外，还有固定资产的内部调拨以及租入的情况。同时还要关注固定资产对利润的影响以及是否涉及小金库的情况。

人力资源审计

"小米,你说一家公司最重要的是什么。"

灵樨突然问了小米一个问题,让小米有点措手不及。

"当然是现金呀,没有现金,企业就无法运转。"

"除了现金呢?"

"产品吧,把产品做好,才能有更多的客户。"

"还有呢?"灵樨接着问道。

"企业最重要的当然是人才啦。"秦明听着小米的回答就着急。

"我当然知道是人才了,我们这不是要审计吗,人才怎么审计?"小米不服地说道。

"当然不是要你去审人,而是人力资源管理,就是和人力资源管理有关的,比如工资、招聘、培训这些。"

灵樨有时候觉得,她的日常欢乐全靠这两个人了。

"人力资源管理的内部审计不是审人,而是对人事管理进行审计,涉及人力总体规划、工资薪金福利管理、人员变动、人员培训、人员档案管理等。要先对被审计单位的人力资源管理涉及的具体业务进行初步了解。"灵樆说道。

"了解问题的最好方法就是问问题。"小米又开始要问题列表了。

1. 公司的人力规划及执行情况是怎样的?
2. 公司人力资源部门的主要职能有哪些?
3. 公司的组织架构是如何设定的?
4. 公司的人力资源记录包括哪些?
5. 公司的薪酬等级是如何划分的?
6. 公司是否给全员缴纳了社会保险?
7. 公司是按什么标准给员工缴纳社会保险的?
8. 公司是否能按时缴纳员工社会保险?
9. 公司的薪金、福利是如何计算的?构成因素有哪些?
10. 公司的薪金、奖金、津贴分别通过什么形式发放?
11. 公司的薪金、奖金、津贴经过几级审批?
12. 公司是否为员工代扣代缴个人所得税?
13. 公司是否与每一名员工都签有劳动合同?
14. 公司是否全员均需考勤打卡?
15. 公司是如何保证考勤打卡记录真实有效的?
16. 公司是如何处理因特殊原因未能打卡的员工记录的?
17. 公司是如何安排员工休假的?

18. 公司的员工休假有几种形式?

19. 公司是如何安排员工加班的?

20. 公司安排员工加班是否经过审批? 加班时长如何确定?

21. 公司如何为加班员工提供补偿?

22. 公司各部门的编制是如何确定的?

23. 公司的人员晋升机制是怎样的?

24. 公司的招聘是通过什么途径进行的?

25. 公司是否会雇用猎头招聘高级管理人员?

26. 公司的人才是以外部招聘为主还是内部培养为主?

27. 公司针对应聘者的考评是由哪些人通过何种方式进行的?

28. 公司是否考虑员工的职业规划?

29. 公司是否为员工提供适当的培训? 具体的培训方式有哪些?

30. 公司的培训是否考虑员工的发展和需求?

31. 公司对员工有没有业绩考评? 是如何进行的?

32. 公司与员工的劳动合同都分为几种形式?

33. 公司的劳动合同是否都经公司法务部门确认?

34. 公司员工劳动合同到期的处理方式有哪些?

35. 公司如何考虑是否与员工续签劳动合同? 如不续签, 是如何处理的?

36. 公司员工的离职程序是怎样的?

37. 公司员工离职时, 公司是如何保障资料以及财产安全的?

38. 公司是否为员工支付离职补偿金?

39. 公司是否统计并分析离职员工情况？

40. 公司管理层是否关注公司员工的离职率及离职原因？

41. 公司是否重视人力资源的稳定及发展？

42. 公司是否对人力资源信息有保密分级？

43. 公司是否有编制外员工？

44. 公司对编制外员工的薪金是如何支付的？

45. 公司是否为编制外员工缴纳社会保险？

46. 公司是否为编制外员工代扣代缴个人所得税？

47. 公司是如何对编制外员工进行业绩考评的？

48. 公司的人力资源档案是如何管理的？是否及时更新维护？

49. 公司的人力资源档案是否有保密控制？权限是如何设定的？

50. 你在现在的工作中，最关心什么？

"看来人力资源管理的重要性从问题的体量上就体现出来了，你看，单单只需要了解的问题就50个，比前面的都多。"小米看着长长的问题列表说道。

"现在越来越多的人意识到了人力资源管理对企业的重要性，特别是'90后''00后'慢慢步入了职场，很多企业提出了很多个性化的员工招聘需求，给人力资源管理带来了挑战，同时对我们内部审计来说也是挑战。除了问问题，你也可以制作一份员工满意度调查表，因为人力资源管理涉及公司每一位员工的切身利益，所以调查可以采用匿名的方式，请员工参与到组织决策中去，员工的参与意愿高、范围广，也有利于我们发现大量的有用建议和一些违规舞弊的线索。"灵樨说道。

"在财务部时,都说'一入会计深似海',有学不完的新准则、新税法、新模型,来到审计部发现,所有会计要学的,审计都要学,而且要学得更好。"小米越发觉得审计不单单要巩固既往的知识,还要不断地追新。

"人家追星,你追新,不好吗?"秦明本想安慰小米,话到嘴边又像在抬杠。

"万变不离其宗,再新的模式都是从原有的模式上升级迭代出来的,就像会计再升级,也离不开借和贷。"

"就是,底层逻辑都一样。"

"在人力资源的内部审计中抓住这几个点,一是人员的薪金报酬,二是人员的劳动合同、晋升、培训和业绩考评。特别是在薪金报酬和劳动合同上,要注意是否违反国家的有关法律法规,是否满足公司运作的需要,与薪金报酬相关的计算是否正确、完整,发放是否及时、正确,记录是否完整、准确等,有没有舞弊的情况发生。"灵樨说道。

"我们需要收集的资料是不是除了相关制度,还需要工资册和发放清单呢?"秦明问道。

"对,另外还需要组织架构图,审计期间的人员变动清单,包括新进人员、调派人员、晋升人员、降级人员和离职人员等,另外还需要审计期间的培训费用支出明细,业绩考核评价,与员工的劳动合同等。"灵樨回答道。

"这些资料我们主要围绕着人力资源部和财务部就好了。哈哈哈,好像哪个项目的审计都离不开财务部门,还真是枢纽部门呀。"小米说道。

"先从薪金报酬开始说起,向人力资源部门的相关人员询问公司的薪金、社会保险等相关规定，对其有一个了解，再获取书面的制度规定，检查有没有通过公司高层管理人员的审批确认，相关的社会保险制度有没有违反国家的法律法规。了解薪金报酬的计算、复核及审批流程，获取工资表并对照考勤记录等资料，审核工资计算是否准确，是否计算了社会保险，是否计算了需要代扣代缴的个人所得税，数据是否计算准确。查看社会保险及代扣代缴个人所得税完税凭证，确定是否及时、完整地完成了社会保险及个人所得税的缴纳。查看工资表中是否有复核人员以及人力主管部门主管人员的审批签字。获取参加社会保险的人员名单，与工资表进行对比，查看是否有未缴纳社会保险的人员。向公司员工询问工资的领取情况，是否能够按时领取工资及工资条。查看工资的付款记录，是否有授权审批的签字记录。观察工资的发放过程，确认是否有相关的保密措施。

"针对员工的招聘、晋升、轮岗及劳动合同等，要关注的是人力储备和增长是否和公司的经营扩张相匹配、员工是否能适应企业的文化、是否能够胜任、现有人员及储备人员是否稳定、是否会错失优秀的员工、流失的员工是否会给企业带来损失、招聘成本是否合理，有没有发生招聘成本过高，以及所招聘的人员不能很好地发挥价值的情况等。

"那么，对应的就是公司的各部门是否按照企业的经营规模及发展需要制订了相应的人力资源计划，是否对所雇用的不同的职位的人员设计了不同的招聘程序。设定的晋升标准是否和业绩相结合，员工调派是否经过多部门审核。公司有没有设立关键岗位的轮岗工作制度，岗位设计是否形成书面文档并归档保存。是否针对不同的人员签订不同的劳动合同，与员工所签订的劳动合同是否经过法律部门人员的审核等。

"针对这些情况，我们在进行内部审计时就要先获取各部门人力资源计划,以及公司总体的人力资源计划,查看是否经过公司管理层的签字确认,是否存在冲突的地方。询问岗位设计的相关信息,比如设计流程、参与设计的人员、管理层的审批程序等。从人力资源部门获取审计年度末公司的人员汇总表,与从财务部门获取的工资表进行对比,查看是否核对一致,双方是否有偏差。并将各部门年度计划人数与实际雇用人数进行对比,询问产生差异的原因。对于实际雇员数量超过计划的部门,查看计划外雇用人员的申请及审批文件,需求情况说明等,以及更高层级的管理层的签字与确认。同时,获取公司的职务设置和相应的职位说明,检查两者是否一致。从人事档案中抽取若干的相关员工的档案,包括员工简历、面试记录、录用文件、体检记录等,查看该员工是否与对应的职位相匹配,录用程序是否符合公司相关规定,审批和签字确认记录是否齐全。

"还要关注在录用的过程中是否设置并遵循了岗位回避制度,这是为了确保关键岗位不存在关联方人员,防止舞弊的发生。这就需要我们查看人力资源系统中员工亲属在公司内任职的信息记录,通过与员工的入职背景调查和入职信息进行对比,核查是否有关联方信息,是否规避了敏感岗位。

"还需要抽取晋升人员的员工档案,查看人员简历、业绩考评记录、晋升文件、批准文件,检查是否符合流程的规定,审批签字是否齐备。对于调派人员还要查看是否有调派原因的文件记录,是否有调入、调出以及人事部门三方的审批确认,是否匹配公司的运营需要,调派人员的个人简历和调派的符合程度是否匹配。从归档的员工人事档案中抽取若干员工劳动合同,检查是否有法律部门的意见,是否符合国家相关法律要求。

"另外,向公司各部门的负责人及人力资源部的人员询问,是否将员工的稳定性作为考核指标。获取人力资源部定期的离职以及缺勤的统计资料及比例报告，检查是否有公司管理层的签字，查看有没有异常的趋势，有没有针对异常所做出的合理分析。将离职率与实际的离职申请单进行比照，将缺勤率与考勤记录进行比照，查看有无异常。向人力资源部的人员询问离职员工办理离职的流程，员工提出离职后的权限限制，从员工档案中抽取离职员工的档案，查看其离职申请表，是否有其所在部门负责人以及财务部、人力部、行政部等部门负责人的签字，是否有离职书等相应的文书记录，判断其离职程序是否合理。另外，向人力部门获取部门预算，查看其关于招聘费用的预算是否有相关管理层的审批签字，并与财务部门的相关记录进行核对，对比两者的区别，并且需要进一步了解产生差异的原因。

"关键岗位的轮岗制度是为了降低员工舞弊的概率，也可以起到培养复合型人才的目的。我们在获得关键岗位的轮岗管理标准后，要注意检查是否明确了敏感的关键岗位的范围、轮岗原则、轮岗周期以及轮岗方式等方面的内容。另外要获取轮岗记录，查看部门轮岗文件是否经过适当审核，检查轮岗是否符合管理标准的规定。"灵樨说道。

"对员工的培训也是人力资源部门的主要业务吧？这也关系着整个公司的提升呢。"小米说道。

"是的，员工的培训实际上是一个软投入，回报是在未来慢慢呈现的，但员工的培训一定是与企业的发展以及员工的发展相对应的。如果针对员工的发展进行的培训不能满足企业及员工的需要，或者培训流于形式，那么培训就没有发挥价值。这就要我们去确定公司的人力资源部门是否有根据企业的战略发展规划来制订配套的培训计划，而员工是否据企业的发展规划以及自己的职业规划对公司的培训提出了需求。员工在新进入公司以及晋升时，是否都有相应的培训，是否把培训计划列入公司员工的考核之中，各部门的培训是否有足够的预算，培训之后是否有作出反馈。"灵槭回答道。

"是不是还是通过询问、检查的方法来确认？"小米问道。

"询问和检查是必不可少的，先评估企业的培训计划是否与企业的发展规划相适应，然后询问员工是否认可公司的培训计划，是否提出了自己的培训需求，是通过什么方式提出的，结果如何。之后使用抽样的方法从培训档案中抽取样本资料，查看是否有对员工提出的培训需求进行处理的记录，是否按计划执行了培训，培训的内容与计划是否一致，是否有员工的培训总结等。抽查新进员工、晋升员工的培训记录，查看是否有相应的培训合格记录，这些培训合格的记录是否与其所接受的培训是相符的。另外，还需要从财务部门调取培训费用支出的记录，与预算进行对比，查看并分析预算的执行情况。"灵槭说道。

"灵槭姐，绩效考评会不会一味地说好？"

"这就需要调查了，要确定绩效考评是否流于形式，首先要了解公司制定的绩效考评相关流程或制度，比如考评的周期、考评的具体方法、不同岗位之间所设计的不同的考评标准，获取不同周期的绩效考核表，检查是否根据工作计划、指标、经营目标等评定绩效考核结果。检查考核结果是否经过相应管理层级人员，比如部门经理、人力资源部经理等的审批，是否有评价双方的签字等。向员工进行询问，了解他们是如何评价绩效考评流程及标准的，是否有向公司提出建议。获取员工工资的变化记录及晋升记录，确认业绩考评对薪金和晋升的影响。"

"哎呀，人力资源真的就是以'人'为本呀。"小米觉得她所见之处皆是"人"。

"人力资源管理历来都是经营管理中最大的难点，也是所有管理理论中经常被讨论的重点，围绕'人'的因素，各个单位又有着不同的管理方法，因此，人力资源也是我们在进行内部审计时的重要环节。在进行人力资源审计时，不要局限在制度上，要灵活判断所审计的内容是否会影响企业的人才发展和战略经营方向，你的格局、眼界，决定了你处理事情的方式。很多时候用的不是专业知识，而是做人处事的能力。"灵樱说道。

知识小结

在人力资源的内部审计中，需要抓住人员的薪金报酬、人员的劳动合同，还有人员的晋升、培训和业绩考评。特别是在薪金报酬和劳动合同上，要注意是否违反国家的有关法律法规，是否满足公司运作的需要。与薪金报酬相关的计算是否正确、完整，薪资报酬发放是否及时、正确，记录是否完整、准确等，有没有舞弊的情况发生。

财务管理审计

"转了一圈,我们终于要说财务管理的审计了。"小米看到熟悉的财务室,心情很激动。

"小米,你是不是该回避了。"秦明一边举着"避让"的卡片一边打趣道。

"我只要不负责审计自己以前做过的工作就可以。再说了,回避也不耽误我学知识不是?"这两人的日常对话模式又上线了。

"财务管理的内部审计主要体现在会计政策的制定和审批,凭证的订立及审批,财务报表的编制、复核及审批,会计档案的归档管理,以及纳税申报和缴纳、预算管理、货币资金管理、费用管理、往来管理等审计项目上。货币资金管理的审计我们在前面单独说过了,在这里就只说剩下的吧。"灵槊说道。

"那我们是不是要先准备问题列表?"

"对的。"

1. 公司采用的是什么财务软件？
2. 公司有几套财务软件？新旧系统是什么时候切换的？
3. 公司的财务数据迁移是否准确、完整？
4. 公司财务软件的用户名单及相应的权限是如何设置的？
5. 公司财务软件系统管理权限的相关制度和流程文件是否齐备？
6. 公司是否安排专人定期对财务软件系统中的权限进行审阅，是否保留了相应的记录？
7. 公司的财务软件系统中用户及权限变更是否设置相应的控制，并有效执行？
8. 公司财务数据是否及时备份？备份是否符合规定？
9. 公司财务数据的备份文件是否齐全？
10. 公司的财务软件用户密码策略的设定是否合规、合理？
11. 公司采用的是何种会计制度？
12. 公司会计政策的制定过程是怎样的？
13. 公司是否有规范的会计操作手册？
14. 公司的财务部门是如何进行职责分工的？
15. 公司财务部门的人员是否都具有从业资格？
16. 公司是否对财务部门的人员定期进行培训？
17. 公司的财务会计凭证都是如何分类的？
18. 公司财务会计凭证的制作、审核过程是怎样的？

03 内部审计审什么

19. 公司财务报表的制作、审核过程是怎样的？
20. 公司的财务报表是由财务系统自动生成还是人工编制？
21. 公司的预算管理制度是怎样的？
22. 公司有没有预算管理流程文件？
23. 公司是否定期对比并分析预算执行情况？
24. 公司的发票是如何管理的？
25. 公司的发票开具是否由专人负责？
26. 公司的发票是如何保管的？
27. 公司是否有专人负责税务事项？
28. 公司是否进行了税收筹划？
29. 公司都缴纳何种税？是如何确保税款缴纳的？
30. 公司是否有被税务处罚的记录？
31. 公司是否定期做税务检查，有没有发现问题？
32. 公司的费用报销规定是怎样的？
33. 公司是否有费用预算制度？
34. 公司的财务会计档案是如何管理的？
35. 公司的财务会计档案保存期限分别是怎样的？
36. 公司是否有专门的财务会计档案保管室？
37. 公司是否有销毁财务会计档案的记录？
38. 你在现在的工作中，最关心什么？

"我知道公司用的是什么财务软件，还要问吗？"小米看到问题列表，里面好多问题对于曾经在财务室工作过的人来说都是知道的。

"知道也需要问，你都离开多久了，日新月异，知道不？""秦怼怼"继续在线。

"你现在是询问者，是这些问题的调查者，不是被询问者，即使你知道答案，也需要通过询问的步骤来获得答案，并且要把询问时间、询问地点、被询问人的姓名签上。"灵樾说道。

"好吧，我是想说，这样是不是可以节省时间。"小米说道。

"如果出题人都说自己知道答案，那就把问题直接回答了吧，因为可以节省时间，你觉得可行吗？"秦明的例子真是绝了。

"我们在审计前要先对财务软件系统有一个认识，不要等到审计完了才发现还有另外的财务软件系统。特别是新旧系统进行过转换的，还要注意转换的数据是不是完整、准确，又是如何保证数据完整、准确的，是否有专人对数据进行复核。新旧系统中科目是否发生变化。公司是否有相应的规定或指导性文件，实际执行时，是否有差异。"灵樾说道。

"那我们需要获取什么资料？"小米问道。

"需要获取相关的制度、流程文件、迁移时的记录，以及支持性文件，还有新旧系统的科目余额表、资产负债表、利润表等。还要向财务人员询问新旧系统中科目设置的对应关系，有的时候，新旧系统的科目不一定完全一致，所以在比对前还需要先搞清楚之间的逻辑关系。另外，还需要将两个系统中的数据分别按科目、金额进行匹配检查。这样也就差不多可以解决问题了。

"搞清楚软件之后，就要了解有没有系统的财务管理制度了。实际上，我们对被审计单位财务制度以及控制流程进行了解，也是对可能存在问题的地方做一个预判，不要只是拿过制度一看了之，看的过程也要有所思考。比如制度设计得是否合理，哪些环节设置可能存在漏洞，是否存在不完善的地方等。同时要对制度包含的模块以及相关的控制点进行初步梳理，一般系统相关的制度会包括用户权限的建立、修改、删除，系统数据的备份、秘密的管理、数据的维护等。并且还要在后续的审计中，对现有的制度、控制流程的合理性、适用性等进行跟踪对比评估。另外，最好可以取得权限表，这样对权限授权审计时可以直接针对某个权限去测试，会节省一些时间。

"在财务管理审计中，要特别注意职责与权限的控制，如果不注意不相容岗位相互分离、制约和监督，则很可能无法形成必要的牵制，为舞弊创造有利条件。在访谈询问中，除了问财务部门的人员，还需要问IT部门的人员，不仅是负责人，实际执行的人员也需要问，可以说，相关的人都有可能成为你的访谈对象。因为每个人对业务的接触范围、接触的程度都是不一样的，单一人员的访谈信息可能过于片面，信息也会不完整。再者说，每个人的防御心理是不一样的，特别是财务人员，防备心理会很强，也会对事实情况有所隐瞒。在可说可不说的事情上，财务人员一般都倾向于不说，而通常情况下，实际执行的人员又是最清楚执行中存在的问题的，所以访谈询问时一定要扩大范围。有的时候，可能被访谈人就会直接告诉你实际执行与制度不符的地方，这样就会让我们的工作事半功倍。"灵模说道。

"那如果对方不给我们权限表呢？"小米问道。

"没有权限表，就用最直接的方法——自己去试。比如我们要看结账与反结账的权限控制，就去试着用不同人员的账户进行结账与反结账。这样做还有一个好处，就是顺便检查了所有人员的权限设置是否有效。对于反结账，如果在系统里发现有的月份在频繁进行反结账，那么很可能预示着这个月份的账务处理经过了反复调整，这就要进一步查明原因了，是什么情况促使频繁地反结账，又是否合理。"灵樰说道。

"有一个问题小米一定最清楚。"灵樰继续说道。

"啊？什么问题？"

"财务人员之间是不是共享账户密码？"

"哈哈哈，这是大家都知道的秘密。"

"但是这样会导致控制形同虚设。比如系统设置记账人员和复核人员不能为同一人，但实际工作中为了省事，财务人员会共享彼此的用户名和密码，这样就是自己记完账后再用另一人的用户名登录复核，所谓的控制设置就没有发挥应有的作用。"

"这种情况是普遍存在的，表面上并不容易查出来。你看，打印出来的制单人和复核人肯定是两个人的名字，而且如果直接问，他们肯定会说不知道他人的用户名和密码，都是自己用自己的。"秦明说道。

"是的，所以在进行财务审计之初就要注意观察这个问题，并在审计过程中同样留意这个问题，或者直接测试。"灵樰说道。

"灵樰姐，这里有一笔公司内部挂账，时间还蛮长的。你说，都一个集团公司内部的，怎么挂这么久都不处理？"小米看到了一笔往来款的挂账，让她产生了疑惑。

"先询问一下是什么情况，再问一下记账对方是否确认过这笔往来款的挂账，金额、时间、内容都要确认。这里可能涉及几个问题，一是资金占用的问题，二是是否虚挂的问题，还要考虑舞弊的可能性。"

"小米你怎么发现的呀？"秦明好奇大大咧咧的小米居然还有这么心细

的时候。

"科目余额表和账龄分析表两相对照着看呀。"

"账龄分析表和科目余额表中能反映出很多信息，将其有效地利用起来，有助于提高审计的效率，改善效果。把账龄分析表或科目余额表初步整理以后，优先把注意力放在异常的项目上。常见的异常原因有几种，比如之前了解情况的人员离职了，但是没有交接清楚，接任的人不清楚，有问题想解决也无从下手，就形成了历史遗留问题，你根本找不到对应的人员。再比如没有明确的责任主体，每一方都在推诿，事情无法解决，挂账就很常见了。另外，如果是欠款人找不到或者是无力偿还，而走法律途径成本又太高，走坏账核销程序又怕会影响领导的考评，也会不管不问，挂到账上。所以我们既要关注账龄异常的，也要关注科目属性异常的，还有借新还旧的情况，以及挂账业务是否与公司的业务运营情况相符。

"账龄显示只是最终的状态，而起源在什么地方，就需要追溯到形成的开始。选择账龄异常的、科目属性异常的、金额较大的项目进行结果反查，选择明细科目中摘要内容奇怪的、金额较大的记录进行检查。不仅要看已经入账的，还要看已有单据但尚未入账的事项。"灵榠说道。

"我们都查什么？"

"依据制度规定，结合公司的业务情况进行检查，既要合规，也要合法，还要合理。比如资产类的主要关注借、贷方。如果出现贷方余额并不一定就是错误，要关注出现余额的原因。同时，确认应收账款是否符合销售政策，其他应收款金额是否符合公司规定，是否按时还款，审批是否合规，是否存在审批时间滞后的现象；收款人与申请人是否为同一人，是否符合员工的业务特点或岗位职责，人员是否已经离职等；预付账款要和采购业务一起查，预付期是不是过长，预付金额是不是过高，预付时是否需要对方提供保证或保函等。负债类的主要关注应付账款，也需要结合采购业务一起查。除此之外，还要关注该科目是否存在乱挂账的情形，关注合同的规定、金额、付款节点、发票、期限等。另外还有其他应付款，对于各种保证金、押金要特别关注，是否有超过业务正常时间却未退还的。要知道其他应收款、其他应付款这样的科目可是被称为'神奇的口袋'的。"灵棋说道。

"还有费用类的审计，在企业的日常经营活动中，各种费用是少不了的，费用舞弊也是常见的。费用通常和报销联系在一起，不同企业的管控方法也是不一样的，有的管控严，有的管控松，但常见的舞弊点集中在几个项目上，比如会议费、差旅费、业务招待费、咨询费等。这些费用通常调控的空间较大。就拿咨询费来说吧。咨询人获取的是意见，如向律师或律师事务所咨询相关的法律问题而支付咨询费，向税务师咨询相关的税务问题而支付咨询费，向保险经纪人咨询相关的风险评估和风险管理问题而支付咨询费，这些咨询费的支出通常受咨询的事项、咨询的对象等因素的影响，但具体的费用又没有统一的标准，因此也就成了一些企业虚构支出的对象。咨询费的支出还有一个共性，就是金额通常都不小，而且通常都是经过管理层授意的，审计的时候可能会遭到管理层的阻挠，这就是给我们拉响的警报。但是，一定要记住，千万不要在没有证据的情况下就贸然说舞弊，脑子可别'短路'。

"另外就是差旅费，差旅费是企业必不可少的一项经常性支出项目，也是员工舞弊的重灾区，有些企业还会给差旅补助，一般就是填一份差旅补助表，按照出差天数给补助，常见的舞弊手段有员工通过虚假或者真实的发票报销不合理的费用,或者报销节假日出差因私逗留的费用,另外还有在差旅补助上做文章的,比如说带车出差,在开头结尾多填一两天。要查这些其实也有法子,有句老话叫'风过留痕,雁过留声',特别是高度电子化的今天,住宿发票备注栏是需要备注住宿日期的,我们要结合车票、加油、过桥过路等这些发票上的信息和出差申请、报销申请等,分析差旅费事项的合理性和真实性。还可以通过登记差旅费用统计表来判断行程有没有冲突,以及发票有没有连号,判断行程的合理性。"灵樨说道。

"要我说,出差期间每个行程码都截图保存,随报销发票一起提交,还怕查不出差旅费舞弊吗?"要说脑子活,还真比不过小米。

"还有就是业务招待费,这也是舞弊的重灾区,很多企业甚至会'明文规定'部分工资要拿发票抵,这也给业务招待费的审计带来了阻力。但是我们要知道,业务招待费并不是吃吃喝喝的费用,它不能单纯地和餐饮费画等号。比如差旅费、会议费、职工教育经费、职工福利费等费用里都可以出现餐饮费,餐饮发票要根据业务的性质来划分,而不是一股脑都计入业务招待费。对于廉洁的企业来说,业务招待费管控得相当严格,通常会通过预算管理、申请管理、限额限人管理、公示管理等方法来控制业务招待,限额限人管理结合公示管理能从很大程度上管控住业务招待费的支出情况。我们在进行审计时,可以对招待费进行纵向、横向的比较分析,分析是否存在支出异常的现象。结合发票上的日期、申请单和报销单等,审核原始凭证和业务招待费申请单真实性。"灵樨接着说道。

"嗯,我记得之前你给我和朵朵说过这个'神奇的口袋'。唉!我亲爱的朵朵,我都想她了。"小米自从来了审计部,每天就是沉浸在审计的海洋中,很久都没找朵朵玩了。

"要找她玩也得先完成工作,你知道财务报表怎么审?会计凭证怎么审吗?"

"叮,今日'秦怼怼'已上线。"

你别说,小米的沟通技巧还真是不显山不露水,像极了中国传统文化中的太极——以柔克刚。

"首先公司制定的会计政策一定是符合国家会计准则、会计制度的,同时也是符合公司管理需要的。需要特别注意的是,公司是否根据国家的会计政策和会计估计的变更及时变更公司的会计政策和会计估计。因此,在对财务报表和会计凭证进行审计时,也需要围绕着可能会违反相关规定的地方。需要查看在审计所属期间有没有进行会计政策的变更,是否做了正确的调整。相关的调整、变更有没有经过管理层的审批。财务报表的编制是否符合会计政策的规定,财务信息是否正确。会计凭证的分类和格式是否符合规定,是否连续编号,凭证后附的原始单据是否合法、有效,内容是否与凭证一致,会计处理是否正确。特别关注月末是否有调账凭证,关注调账的原因是否合理,处理是否符合会计政策的规定。

"除了账务处理,还要关注会计凭证是否及时装订,是否有专人负责保管,电子信息是否定期备份,检查备份的电子信息是否存放在不同的地方,检查会计档案是否有连续编号。如有借阅会计凭证的情况,查看借阅登记簿是否有相应的记载,是否经过管理层的审批,是否及时归还。检查有没有长期未归档的会计档案,查看会计档案是否按照规定的年限进行保管。对保管到期的会计档案是否按规定进行处理,销毁记录是否完整,销毁的档案是否与批准销毁的档案一致。

"另外,还要关注税务处理是否合法,对应缴纳的税款计算是否正确，纳税申报是否及时、准确，缴纳扣款是否及时，发票的开具与保管是否符合相关法律的规定。查看最近是否有税务处罚记录，如果有被处罚的记录，还要关注被处罚的原因。还有税务申报表是否及时装订归档，发票的存根联是否装订成册，有没有遗漏丢失发票存根联的情况。每一批的发票编号是否连续，作废的发票全部联次是否均已收回，是否妥善存放等。"灵樨说道。

"我们做内部审计可真不容易。"小米突然发起了感慨。

"怎么了？"

"你看，我们审计财务，就必须对财务的规定与处理一清二楚。"

"你是想说自己现在是'青出于蓝而胜于蓝'，还特别想对朵朵说吧。"

"哈哈哈。"

知识小结

　　财务管理的内部审计主要体现在会计政策的制定和审批，凭证的订立及审批，财务报表的编制、复核及审批，会计档案的归档管理以及纳税申报和缴纳，预算管理，货币资金管理，费用管理，往来管理等审计项目上。同时要特别关注财务人员之间有没有共享账户密码的情况。对于费用类账户的审计，常见的舞弊点集中在几个项目上，比如会议费、差旅费、业务招待费、咨询费等，这些费用通常调控的空间较大，需要特别关注。

离任审计

"你说，领导在任时不容易，离任时更不容易，首先得过离任审计这一关。"小米看到新的审计项目是对分公司的负责人进行离任审计，不由得觉得自己也没那么不容易了。

"谁都不容易。"

"听说退休好多年的官员还会被审计出问题来呢，被审计就像被扒一层皮似的。"

"你那只是'听说'，你参与审计过几个？人们总是愿意相信自己想相信的，孔子都说了，眼见还不一定为实呢。"

"反正我知道离任审计比常规的审计多了很多内容，是吧，灵樨姐？"小米要是说不过秦明，一定会拉上灵樨帮她。

"离任审计的范围是比年度常规审计多一些，也比较全面，一般在任期间的经济活动、财务收支等都会涉及，因此离任审计的耗时也会比一般的常规审计长。但离任审计实际上是我们前面所说的几项审计事项的合并项。另外，离任者和接任者对待离任审计也会根据企业的状况，呈现出完全不一样的态度。"

"哈哈哈，无非是乐意与不乐意。"别说，小米总结得还真到位。

"不管是哪种态度，划清责任总是大家都喜闻乐见的吧。"秦明还是从责任划分的角度考虑。

"工作是连续的，你不能把经营活动按照每一任领导的任期切割，比如有的项目是前任领导牵头立项的，但要见到成果可能就要在多年后。"

"这就是'前人栽树，后人乘凉'，那也有反过来的时候吧？还有人觉得前任给留了窟窿让他补呢。"小米的脑回路总是让人捉摸不定。

"我们在离任审计上主要关注的是经营活动有没有违法违规，是否符合公司的经营方向，是否有利于公司的发展，主要结合经营收入、所签订的合同进行审计。关注有无设立小金库，有无账外账。要关注资产的安全。获取经营计划、述职报告、经济合同、在任期间的财务账簿，特别是收入明细账、采购付款的明细账、费用类明细账，固定资产明细账以及固定资产的盘点表单，查看是否有超过审批的经济活动，特别是超过授权审批的采购与付款的经济活动。查看货币资金明细账，检查资金流向是否有异常，是否有向离任审计被审人个人账户付款的情况，如有，追查到原始凭证，查明事由，确认是否符合公司相关制度的规定，有无相关层级的管理层审批签字。查看相关经济合同，签字审批是否齐备，是否有法律部门的确认签字。查看费用类明细，检查有无超出规定的费用开支，报销单据的签字审批是否齐备，是否有连续的、等额的或者金额相近的费用类支出，检查相关费用支出的合理性，是否有借用他人账户收受款项的情况。

"小金库也是离任审计的一个重点。是否有截留收入不入账的现象，是否有通过费用报销套现的现象，要结合收入的审计和采购与付款、费用报销等的审计事项一起进行判断。

"在离任审计中，有一个地方特别容易被我们忽视，那就是固定资产的审计。可能在任期，固定资产的盘点都是无异常的，而在离任审计时，固定资产的盘点出现了异常，如果看到这样的固定资产盘点结果，就要想一想为什么会出现这样的情况。有一种可能是以前的盘点都是走形式，没有真正进行实地盘点，结果领导一离任，后任领导要求严格执行盘点制度，问题就冒出来了。另一种可能是在任期内最后一次的固定资产盘点之后至离任审计时的固定资产盘点之间发生了新损耗，此时，在离任审计的固定资产盘点中会体现出来。如果是第一种情况，反映的就不仅仅是固定资产的问题了，可能其他内部控制也会有流于形式的现象，就需要仔细查找了。如果以前的年度审计有效，可以对照以前的年度审计尽量缩小范围。我们在前面也说过，负责人的任期越长，越有可能形成利益小团体，那么建立起个人绝对权威的概率就越大。如果企业无法进行轮岗，可以增加对负责人的任中审计，来降低这样的风险。

"此外，在经营活动中，单位负责人有没有利用职务之便进行关联交易也是审计的一个重点，主要关注交易过程中的资产价格是不是公允的，有没有以高于资产的价格购入或以低于资产的价格出售，从而给企业带来经济损失。有没有与关联方建立虚假的购销关系，有没有通过担保等手段进行舞弊，有没有违反规定的担保活动等。"灵樨说道。

"实际上离任审计也没有那么恐怖嘛！也就是我们例行审计的合并项。"小米说道。

"是谁说审计恐怖的?"

"那为什么好多人都对内部审计存有偏见呢?"

"你首先要自己摆脱偏见,把自己的位置摆正。内部审计部门是服务于企业的一个内部机构,它的一个主要功能实际上是降本增效。而降本增效是一个向内挖掘的过程,是堵漏洞、降内耗的一个过程。内部审计部门是没有强制力的,它不是企业内部各部门的冤家对头,大家都想退避三舍,尽量不与其来往;也不是街上的巡警,时刻要维持治安。内部审计部门要关心事情是否做得恰当,更要关心该做的是否做了,这才是内部审计部门的定位。"灵樨说道。

"嗯,我们其实是人畜无害的小可爱。"小米手捧着脸颊做了个花朵状的表情,她还真是办公室里的太阳花。

知识小结

离任审计的范围比年度常规审计多一些，也更全面。一般在任期间的经济活动、财务收支等都会涉及。因此离任审计的耗时也会比一般的常规审计长一些。主要关注的是经营活动有没有违法违规，是否符合公司的经营方向，有没有设立小金库、存在账外账等现象。特别要关注资金安全方面、固定资产的盘点情况，以及有没有利用职务之便进行关联交易等。

04

舞弊应对

收到一封举报信

"其身正,不令而行;其身不正,虽令不从。"

"小米,你在读什么呢?改学《论语》,准备投入我们博大精深的汉语言文学中吗?"秦明一大早就听到小米在念《论语》。

"没呢,在看一封信。"

"现在情书都流行写《论语》了吗?"

"什么呀!这是一封举报信,林总刚拿过来的,灵樑姐让我们根据信里的内容先了解一下,还给我列了好几个问题。"小米这会儿看见问题有点头疼。

"什么举报信?"

"匿名的,署名'一位关心公司的员工',举报一个分公司的负责人,说该负责人以权谋私,截留货款,向供应商收取回扣,并且用公款报销私人费用,还把客户一个一个都得罪了,导致客户纷纷解约。"

"前一段时间,这人在总经理办公会上还哭诉经济形势不好,经营情况不理想,请求对今年的任务酌情考虑呢!"

"如果这举报信说得属实,那他在总经理办公会上就是在表演了。"

"人生如戏。灵樨姐列了什么问题?"

"啊?哦!给你。"秦明的转折着实有点快了,让小米差点没接上。

1. 舞弊审计和其他内部审计事项是否一样?
2. 哪些原因容易造成舞弊?
3. 哪些事项可以认为是舞弊?
4. 是否应该回复该举报信,如果回复,要如何回复?
5. 是否要和举报人联系?
6. 应当如何与举报人联系,需要注意什么?
7. 应当如何处理该举报信举报的事项,需要以舞弊处理吗?
8. 哪些信息需要保密?
9. 如何保密信息?
10. 如何查实或推翻举报的事项?
11. 需要获取什么样的证据?
12. 应当如何设计访谈的问题?
13. 如何进行访谈才可以获得有价值的信息?
14. 如何进行访谈可以让对方坦白?
15. 选择什么时点去询问舞弊嫌疑人?
16. 询问舞弊嫌疑人时应当注意些什么?
17. 如何进行文件审核以及数据分析?

18. 应当采用什么方法可以有效便捷地发现虚假文件和异常数据？

19. 应当采用什么方法审核电子数据？

20. 如何做才能避免证据污染？

21. 如何固定并保存证据？

22. 应当如何进行现场走访？

23. 在进行现场走访时需要注意哪些事项？

24. 在舞弊审计中有哪些法律风险？

25. 在执行审计程序时应当如何规避法律和安全的风险？

26. 如何制作笔录？是否需要当事人签字？

27. 如何写舞弊审计报告？需要汇报哪些内容？

28. 哪些舞弊事件需要移送司法机关？

29. 如何判断舞弊嫌疑人是否构成犯罪？

"这些问题我完全不知道呀！本来还想着舞弊审计和我们之前接触的审计一样呢，可看到第一个问题，我又不确定了。"小米看了看这些问题，觉得自己一个都答不上来。

"我觉得应该以专项审计的思维来对待，舞弊审计最重视的应该是证据，这里有问如何避免证据污染，是不是说我们如果处理不当，可能会导致证据污染，进而导致调查结果无法说服管理层或者法务部门？"秦明分析道。

"怎么样？你们谁能告诉我舞弊的原因是什么吗？"灵棋开完会回来就问小米和秦明。

"我觉得是贪婪吧,如果刚好缺钱,正好又有机会,就顺便捞一把。"秦明说道。

"我觉得是缺乏道德。"小米说道。

"我们来做个试验。假如我们在会议室开会,等大家都走后,你发现有人落了一沓钞票在椅子上,你点了下是1000元,此时四下无人,你会拿走吗?"灵樨问道。

"不会,都是一个公司的,肯定是哪位同事落下的。要是让人知道了,以后还怎么见面?不拿不拿。"小米坚决地回答。

"如果是在酒店会议室,有人遗漏了一个纸袋子,里面装的是20万元呢?"灵樨接着问道。

"20万元呀,那我得考虑下,这些钱至少能让我少奋斗两年,哈哈哈。可那要是别人救命的钱怎么办?还是不能拿。"小米说道。

"你要是拿走了,估计就得换个地方吃饭了。"

"你们看,是否拿走别人遗落的钱,取决于多种原因:诱惑是否够大,是否有自己的道德底线,是否受法律的约束,等等。我们相信这世上人心是向善的,无论面对什么诱惑都会坚守自己的底线。但我们也相信这世上也有另一类人,无论接受过什么教育或面临什么惩罚,都会做坏事。我们在考虑要不要拿走钱的时候,通常会考虑获得的好处、被发现的可能、将要承受的后果,获得的好处越多,越有可能选择拿走钱;被发现的可能越大,越会谨慎地思考,拿走钱的概率就会下降;需要承受的后果越坏,拿走钱的可能性也就越低。这些因素都决定了你的选择。

"我们可以把这些因素归结为三个,也就是压力、机会和借口,这也是著名的'舞弊三角'。一个人面临的压力越大,或者说动机越强烈,他进行舞弊的可能性就越大,这也是发生舞弊的首要条件。压力就是人们面对的不可解决的难题或者不可抗拒的诱惑,如果抵抗不住压力,那么压力最终会变成舞弊的动机。然而压力的来源是不可控的,没有人会知道什么人在什么时候会面对不可缓解的压力,又在什么时候会被压力击垮。"灵樨说道。

"那什么情况下会形成压力呢?"灵樨问道。

"比如财务业绩跟高级管理人员的薪酬挂钩的时候,就会给管理层带来舞弊的压力动机。或者公司制定了过高的业绩等激励指标,也会产生舞弊的压力动机。还有在竞争激烈或市场已经饱和的情况下,利润率的下降和经营不善的问题,也会造成压力。另外,在面对难以应对的技术变革、产品过时、利率调整等因素急剧变化时;经营亏损可能使企业被合并或破产时;经营活动不能产生正向的现金流入时;为了满足企业上市的要求,或者为了满足增发股票、配股、发现债券等的利润目标时;为了满足融资需求,获得信贷资金而调整财务报表指标时;为了满足承诺的利润目标时;为了追求自身奢侈的生活和物质需求等等,这些情况都会造成舞弊的压力。我们可以分将其进行分类,如自身的财务压力、上级的压力、第三方的压力等。"

"那借口和机会呢?"

"借口实际上是麻痹自己的一味'良药',舞弊的人总要给自己找到合理化自己行为的说辞,这是一种自我解释、自我调节的心理状态。当舞弊者找到可以为自己的行为做辩解的理由时,就会心甘情愿地去做这样的行为,并认为自己是正确的、合理的。这种自我寻找借口的心理状态也是不可控的,比如有人就说他拿公司的财物是因为公司克扣了他的奖金,是公司不仁在先。再比如逃税的人会说自己是合理避税，财务报表舞弊的人会说自己是在粉饰报表，为了让报表的利润看起来更加平稳。总之，他们会将自己的行为合理化，并自我麻痹。

"管理层没有有效传递并执行正确的道德标准或价值观；非财务管理人员过多地参与或过于关注会计政策的选择或重大会计估计的确定；公司的内部控制没有做好，是流程的漏洞在引诱我犯罪；管理层对已经发现的内部控制缺陷疏于纠正；即使我不做其他人也会做，即使我不拿其他人也会拿；其他人也拿了公司的资产，我为什么不能拿；是供应商强塞给我的红包；我为公司那么辛苦，公司赚的钱应该分一些给我；领导不让我好过，我也不让他好过；领导本身态度就不端正，盛气凌人还缺乏诚信等。这些都是我们可能碰到的常见借口。

"我们常说机会是创造出来的，不是等来的，而在舞弊中，舞弊者等的就是机会，这些机会就是企业的管理漏洞，或者是内部控制的漏洞。比如采购中的议价、招投标缺乏监管，就会有采购舞弊的机会。常见的舞弊机会有：公司奉行一言堂，没有补偿性控制；不相容的岗位职责未分离；不设置相应的审批权限；公司的组织结构设置得过于复杂或者不稳定；公司的关键管理岗位频繁换人；没有完善的财务管理流程和制度；会计处理过分随意和多变，且没有部门监管；在'避税天堂'设置子公司或开立重要银行账户，而这类安排还没有合理的商业理由等。"灵棋说道。

"这是自己给自己找借口，正瞌睡还给塞了个枕头过来。"小米说起俚语真是一套一套的。

"舞弊实际上是很隐蔽的吧？就像我们收到的这封举报信，我们也不能单凭这封信就认定被举报人舞弊，即使说舞弊，那这算什么舞弊呢，贪污吗？"秦明问道。

"我们通常把舞弊分为报表做假和侵占资产，你说的贪污可以归在侵占资产里，也可以单独作为贪污腐败类。包括所有的利益冲突、勾结供应商拿回扣、违规拿佣金、收受贿赂等都可以归纳进来。侵占资产主要包括占用公司资产、设立小金库、盗用公司无形资产等，比如个人消费用公款报销，截留、盗窃、侵吞公司资产，出租、出借公司的账户或将资产挪作他用等。而报表做假就是对所有的财务信息或非财务信息进行弄虚作假，如虚增虚减收益、偷税漏税、以关联交易调节收益等。你可以将其简单粗暴地划分成两类，一种是打肿脸充胖子，一种是装穷扮可怜卖惨。"灵樨说道。

"哈哈哈，真太形象了，一种是高估资产、虚增收入，一种是低估资产、虚减收入。"小米听到这两个类型，不由得笑了出来。

"舞弊的事件有很多，我们在审计的时候可能会因为着急找证据，而给自己带来麻烦，比如被对方告以诽谤诉至法院，或者被诉以泄露公司机密信息，或者被诉以私自进入办公室等。常见的违规操作还有违法获取个人信息；违法获取个人银行账户信息；违法侵犯个人隐私；伪造虚假凭证、文书、印章等；非法获取私密信息，或者通过贿赂、恐吓、威胁、欺骗等方法获取信息或供述等，这些方式是我们在审计过程中需要避免的。"灵樨说道。

"要知道，在内部审计的工作中，尤其是在查处舞弊时，往往招人记恨，更有甚者会面临一些恐吓，如果我们自己再不注意规范操作，很可能授人以柄，给自己带来麻烦。外出时，一定要结伴而行，避免一个人与举报人或嫌疑人见面，特别是在偏僻的地方单独见面，在遇到恐吓、威胁时，一定不要冲动，要以保证自身安全为第一要务。必要时，三十六计走为上策。"灵槿接着说道。

"哈哈哈，留得青山在，不怕没柴烧。"

"在舞弊审计中，不要无条件地相信举报人。就拿这封举报信来说，你怎么判断这就真的是公司里的员工写的呢？"

"哎呀！我都相信了，我真以为是公司里的员工写的，不然怎么那么清楚情况呢？"小米说道。

"我刚开始也倾向于是公司员工写的，眼睛也被'员工'两个字吸住了，不过也有可能是同伙举报的，还有可能是给回扣的供应商举报的，比如公司对供应商进行调整，原先给回扣的供应商因为不满足条件就被踢出了供应商名单，给了回扣的供应商觉得自己一直都给回扣，应该一直承接下去，后面不让承接了，就觉得自己亏了，于是就举报了。"秦明这通分析还真有点名侦探柯南的样子。

"哈哈哈，我怎么觉得看到了某动画片的名场面。"小米比着名侦探柯南的经典动作说道。

"秦明的分析也不无可能，你甚至可以在现实中碰到类似的案例。"

"这个有点反向思维吧，你看到的并不是你看到的。"

"这就是舞弊审计和其他审计的不同，你需要掌握的不仅仅是审计、会计方面的知识，还需要了解法学方面的知识，以及执行舞弊调查时的法律限制，还要防止证据被污染。舞弊事件在满足立案标准时是可以报案的，企业中的舞弊通常可能触犯'非国家工作人员受贿罪''对非国家工作人员行贿罪''职务侵占罪''挪用资金罪''盗窃罪''侵犯商业秘密罪''隐匿、故意销毁会计凭证、会计账簿、财务会计报告罪''为亲友非法牟利罪''签订、履行合同失职被骗罪''国有公司、企业、事业单位人员失职罪''国有公司、企业、事业单位人员滥用职权罪'等罪行。另外在调查时千万不能侵犯他人隐私，也不能在他人的交通工具上安装GPS追踪器等，或者威逼利诱甚至刑讯逼供，这种行为是千万不能有的，别电视剧看多，就上头了，时刻要记住，内部审计是没有公权力的。"灵槭强调道。

"嗯，现在就有点上头，特别是你说防止证据被污染时。"小米现在不是 点点上头，而是太上头了。

"舞弊审计的证据必须符合合法性和真实性的要求，所有的证据必须是合法获取的，是真实的并且与所调查的事件相关。我们通常把证据简单地分成直接证据和间接证据等，证据不仅有文书证据，还有电子证据，包括我们常见的录音录像等电子音视频资料等，我们在后面详细说。

"除了证据上的要求更严格，舞弊审计还对分析的深度有更高的要求，我们在进行舞弊审计时，会进行一些比较有针对性的分析，比如分析数据之间的关系、进行数据画像、寻找关键词、做趋势分析等，并对大量的财务数据和非财务数据、外部数据和内部数据进行交叉比对以及各种量化和非量化分析。在查看文书等资料时，除了检查有没有审批签字、确保合规之类，我们还要注意分析跟踪印章、签字、金额、日期、名称等信息有没有被篡改或修饰过的痕迹。

"舞弊审计通常是突然的、被动的，无法提前预测发生时间，也无法提前预测发生的事件、涉及的人员，更无法提前做出年度计划。舞弊通常是通过举报、投诉或者在常规审计中发现的，不过在常规审计中发现舞弊的难度相对较大，需要大量的经验进行判断。还有发生的严重突发事件也可能引发舞弊审计，比如发生生产意外或被媒体曝光。通常舞弊的当事人是对公司的流程以及系统非常熟悉的人，包括哪里有漏洞、哪个系统不完善、哪个资金没人监管、哪个账户常年不进行调节对账等，同时还知道如何规避IT系统的安全检测。"灵樨说道。

"熟人作案呀。"

"当然了，舞弊还能是外人吗？"

"有大数据统计发现，在舞弊人员的职务分布中，一般员工的占比最高，其次是中层员工，最后是高层员工，一般入职10年以上的员工发生舞弊的概率最低，入职2~5年的则最高。你要知道，舞弊审计的过程实际上是斗智斗勇的博弈过程。从舞弊者的角度来说，如果输了，可能要承担严重的后果，轻则丢掉饭碗，重则受到司法制裁。因此，他们会竭尽所能撒谎或隐瞒事实，不让事情被揭穿。所以，在舞弊审计中，沟通技巧就显得尤为重要了。"灵樨说道。

知识小结

舞弊三角模型是指压力、机会和借口。一个人面临的压力越大，或者说动机越强烈，他进行舞弊的可能性就越大，这也是发生舞弊的首要条件。压力就是人们面对的不可解决的难题或者不可抗拒的诱惑，如果抵抗不住压力，那么压力最终会变成舞弊的动机。然而压力的来源是不可控的，没有人会知道什么人在什么时候会面对不可缓解的压力，又在什么时候会被压力击垮。

谈话技巧

"在舞弊审计中,我们为了审计的进展会和相关的人员进行访谈,这个过程不仅涉及举报人,也会涉及涉嫌舞弊当事人,在面对不同的访谈对象时,我们的谈话方式是不同的。"灵樨说道。

"那也就是说,我们需要联系举报人了?"小米还想着之前的问题呢。

"是的,要和举报人联系,而且是第一时间和举报人取得联系,这样做很重要的一个原因是要对举报事件进行核实,并且要从举报人那里获得更多的线索和具体证据。如果是实名举报,或者举报信上留有联系方式,要优先与该实名举报者联系,或者与其提供的知情者联系。这个过程实际上也是与举报者建立一种合作关系的过程,要鼓励举报者或者知情者提供更多的信息,并确保信息保密,给举报者信心。"灵樨说道。

"不过,我们一定要鼓励举报者尽可能地提供书面证据或线索,不管是什么形式的书面证据,都比口头的证据要好得多。口头证据是最容易被篡改的证据之一，口头访谈或聊天是可以随时反悔的，如果举报者没有书面证据，那也要尽量把口头证据变成书面确认的证据，可以通过信息再次确认，或者录音的方式进行证据固化。但是，如何从谈话中获得证据或线索，是需要技巧的。

"与舞弊嫌疑人访谈时，要掌握对方的思想和心理状态，这样可以更好地和对方共情，建立某种程度上的信任，促使其提供信息，甚至最终认错。首先要弄清楚举报者的举报动机，举报者有可能是真实的事情知情者，也有可能是因为嫉妒或想报复而进行恶意举报，还有可能是为了消灭竞争对手，或为了自身利益，或出于自我保护等考虑进行举报。有时，举报者自身也可能是舞弊的一分子，举报者的举报行为有可能是恶人先告状，也有可能是与其他舞弊者分赃不均而选择举报。不管举报者是出于什么考虑选择举报，我们都要以开放的心态来面对，并用谨慎的方式排查举报者提供的信息。但是，要注意的是，内部审计一定要避免成为利益集团斗争的工具。"

"'举报人'这个角色，还真是让人又爱又恨，我们一不小心还有可能被人当枪使了。"小米听着灵樨说举报人的动机，竟然有点瑟瑟发抖，觉得自己有点天真了。

"所以才让你别总是同情心泛滥，先弄清楚对方的目的再说，没准儿对方只是借我们的手完成自己的愿望呢！见面的时候，我们别给对方留下把柄就好。"秦明说道。

"秦明考虑得很周全，在和举报人见面时，要注意用词、语气，以及见面地点的选择，避免给对方留下借口和把柄。比如见面的用词上，就要避免使用诱导性的语言，也要避免向举报者许下任何承诺，比如'举报有奖''共享调查结果''免除惩罚'等，更要避免对任何事件下定论，不发表意见也不偏袒任何人，要知道，和你见面的举报人也是有可能对你们的谈话录音的。不过，我们内部审计人员可以根据公司的规章制度承诺对信息保密，不过这种保密并不是绝对的，在法律法规的要求或者公司为了维护合法权益的情况下，也是有可能需要给出的。

"见面地点的选择一般会在企业内部，如果举报人要求在企业外见面，一定要向上报告，别自作主张，地点最好安排在公共场所，避免在偏僻荒凉的地方与举报者见面，要考虑自身的安全。也要避免在酒店等私密空间见面，特别是进入内部审计人员的酒店房间或住所，要预防举报者在酒店房间发生意外的情况，或者是诬陷内部审计人员有不正当行为。注意避免和举报者单独同进同出，如果举报者是女性，一定要有女性同事陪同。"灵樨说道。

"听见了吗小明？别仗着自己学过两招军体拳就单刀赴会，小心自身不保。"

小米的报复总是来得这么突然。灵樨无奈地笑笑，继续说道："谈话时，开场不要直奔主题，要知道任何人在和陌生人初次见面时都会心存戒备，通常情况下都是先试探，而不会直接告诉你重要的信息，要先花点时间和对方建立起好感，让对方对你放下戒备。当对方降低戒备后，才会更愿意和你交谈。"

"这个好像心理博弈呀。"小米说道。

"心理博弈对你来说还难了点，不过你可以从表面入手，要微笑，要有亲切感，让人家一看到你就开心，别总是凶巴巴的。"秦明的回击也是这么直截了当，毫不吃亏。

"是的，这里是运用了一些心理学的技巧。当你能迅速地给人亲和感时，就能减少相互试探的时间，比如找出你们共同的话题，以共同点制造亲和感。举个例子，我们在国外旅游时，遇到中国人就会备感亲切，也会彼此交换旅途中遇到的好玩的、有趣的景点，这时和陌生人交谈的基础就是你们都来自同一个国家，这是你们的共同点。寻找彼此的共同点是消除戒备非常有效的一个方法。另外，也可以谈论对方感兴趣的话题，比如对方的成就、子女，以及兴趣爱好相关的事物，让对方放松下来，进而增加对你的信任。

"心理学上有一个重复对方表述的沟通技巧，意思是在和人沟通时，要避免使用评价的语言，而是使用陈述性语言，陈述对方的情绪，这样做是为了避免激化矛盾。试想一下，如果我们第一次和舞弊嫌疑人交谈时就说'你舞弊了'，这样不仅很难获得有用的信息，反而会留下话柄。我们每个人都希望得到其他人的理解，希望他人能够了解并关心自己的感受或苦衷，这需要的是理解之后的共情，而不仅仅是口头上的'我理解'。实际上你在说'我理解'时，心里想的是'我都理解你了，你就赶快说吧'。只有当我们真正能共情的时候，才谈得上理解。"灵樨说道。

"是呢，有时候我遇到难过的事情，和朋友们聊半天，她们对我说'我理解你，但你要坚强、你要乐观'时，我觉得她们并没有真正地理解我，反倒不想再说了。实际上我很想让她们抱抱我。"小米深刻地理解了灵樨所说的没有共情的理解是怎样一回事。

"共情是一种很珍贵的能力，我们每个人的成长背景不一样，经历也不一样，生活的环境更不一样，即使你再努力换位思考，也不能做到完全感同身受。我们能做到的也只是设身处地感受对方所描述的事情，尽可能地体谅对方的情绪、经历和思维，捕捉对方的情感和想法，这样才能最大程度理解对方。在这个过程中，我们要多倾听，可以重复对方的言行，而不是去表达自己。我们的谈话重点永远是对方，而不是自己。比如我们在表达对方辛苦的时候可以说'你真的付出了很多，做出了很多贡献'。而不是说'我可以理解你的辛苦'，主语是'你'，而不是'我'。

"重复对方的言行是一个很好的传递感受的方法。当我们重复对方话语中的一些词汇时，实际上是在传递我们感受到的对对方所讲述事件的理解，以及感受到的对方的情绪、处境和难处等。所以要多用陈述性的语句，而不是疑问性的语句。甚至我们可以模仿对方的肢体语言来让对方感受到我们的理解。但有一点一定要记住，这时不要以问题来刺探信息。"灵樨说道。

"为什么不能问问题，我们不是要通过问问题来获得答案吗？"

"如果我向你刺探你想隐瞒的秘密，你的第一反应是什么？"灵樨没有直接回答小米的问题，而是拿她举了个例子。

"否认、隐瞒、逃避、拒绝回答，这些可能都是我会做的吧。"

"这些反应是再正常不过的。尤其是对于保密的信息，当有人来向你刺探这些信息时，你的戒备和警惕一定会提高，会想办法尽量避免透露信息。除了提问，我们还有很多的方法让对方开口。"灵樨说道。

"什么方法？快说快说！"小米对这种双方博弈的事情越来越感兴趣了。

"引导。可以将想要验证的信息和问题转化为假定的事实，并加以简单的陈述，引导对方进行指证。如果假定的事实是正确的，对方就会表示认可并确认事实，或者是在想要隐瞒时表示沉默。但如果假定陈述是错误的，对方一般会进行纠正并提供正确答案，甚至会详细解释为何他的信息才是正确的。当对方在指正或解释时，就是在向我们提供信息。"

"哈哈哈，人都是有表现欲的。"

"是的，我们正是利用了人性的表现欲来让对方主动告诉我们信息。另外，在谈话的过程中，我们要尽可能用简单的称赞来鼓励对方说话。人们都希望得到他人的认可和接纳，那怎么让对方知道我们的认可呢？就是称赞。想一想，当有人称赞自己时，我们是不是从心里就很开心？"

"哈哈哈，那是，你夸我的时候我就很开心。不过有的人就夸得很敷衍，反倒让人反感。"正是小米的率真让灵樧对她偏爱不少。

"想要用称赞来让对方多说话，那你的称赞一定要走心，要夸到点上，且不要频繁。"

"怎么夸人都是一门学问呀。"

"除了称赞对方，还可以给对方'戴高帽'，或者使用激将法来引导对方说话。这是利用人们希望维护自我认同感的一种心理来进行谈话的技巧。每个人心中都对自己的地位和价值有一种自我认可，简单来说就是面子或者尊严。如果你故意抬高对方的地位或者故意压低对方的地位，让你认为的和对方心中认可的产生了期望差异，这种期望差异通常会引起对方心理失调，会让对方心里很不舒服。为了减轻这种失调所产生的不适，对方通常就会通过一些事情或信息来解释或证明我们给他的或高或低的定位是不符的，那么我们就达到了目的。当然，也有的人沉得住气，不上当，任你怎么说他都不接话，那我们就得换种方法继续来。"灵樧不但告诉了他们在舞弊审计中要如何从对方那里获得更多的有用信息，还告诉了他们为什么使用这样的方法。

"哈哈哈，这真是一个斗智斗勇的过程，还有什么方法？"小米越听越上瘾。

"能让人对你打开心扉的方法就是找到对方的心锁，并且打开它。"

"心锁？什么心锁？"一直沉默着认真听讲的秦明也不解地问道。

"也就是对方最关心、最在意的地方。有时候，即使是平时沟通顺畅的朋友，也有不愿意和你交流的时候，更何况我们要让他人告诉我们对正在进行的舞弊审计有用的信息呢，但如果我们能找到对方最在意的地方，就能顺利地展开良好的沟通。这个最在意的地方，可能是让对方感到自豪的地方，也可能是让对方感到自卑的地方，或者是对方想要炫耀的东西。这个就需要我们审计人员认真地观察了。

"再者，我们还可以故意说一些对方不认可的话题，引起对方心中的不适，激起他想要纠正你的欲望，引导对方更多地表达自己的观点。比如面对采购经理时，当你了解到他曾经最得意的事情就是完成了某笔其他人没有完成的订单，我们就可以说'这个订单中的采购询价流程好像有一个环节不合理'。此时，他会企图向你解释他所采用的流程是合理的，并且会提供其他信息来合理化自己的解释，在解释的过程中，对方可能就会透露出本来不想提供的信息。

"当人们在受到质疑时，一般都会趋向于认为自己的陈述说服力不足，进而就会增加更多的额外信息来补充。通常人们的大脑中会有很多与你们的谈话内容相关的信息，很多时候大多数人是无法用一两句话就陈述完毕的，对方可能会因为遗忘、思维盲点或故意隐瞒只说了部分信息。我们可以用适当的怀疑态度让对方重新考虑是否遗漏了信息，或者是还想要继续隐瞒，因此，对方会更加深入地思考并进一步透露出更多本来不想透露的信息。

"有句话说,'一滴蜂蜜比一加仑胆汁能够捕到更多的苍蝇'。意思是说我们要用和善的态度来与人沟通,过度的质疑和反问则会让对方反感。因此我们沟通的态度始终都要保持和善,不要忘了内部审计是没有公权力的,我们可以使用各种技巧,但不能在未经审判的情况下给任何人定罪。

"勾起人们的好奇心也是一个可以尝试的谈话技巧,这是利用了人们总是想知道一些其他人知道而自己不知道的信息的心理。我们可以在谈话中故意创造一些谈话缺口,挑起一个对方不知道而又很感兴趣的信息,一方面引起对方的好奇,让他来询问你。另一方面我们又与其分享了信息,还会给对方营造出一种他从你这里获得了信息的感觉,既满足了自己的好奇心,又满足了自己的获胜感。"灵樨说道。

"哈哈哈,我们这是欲擒故纵,还给对方制造了一个假象,看谁是笑到最后的获胜者。"小米手舞足蹈地说。

"这样做的好处还有一个,就是让对方将我们划归到'自己人'的阵营。因为人们通常会对和自己分享秘密的人迅速建立连接,并产生好感。由于秘密一般只会和可以信任的自己人透露,当你和对方分享秘密时,你们之间就有了一个共同的秘密,这样无形中就拉近了你们的距离,也提高了彼此的信任感,并且这种'自己人'的感觉通常是双向的,对方也会倾向于跟你分享秘密。"灵樨说道。

"那要是没有秘密可以分享怎么办?"小米这个问题转得飞快,确实秘密不是常有的。

"可以事先创造一个'秘密',然后以慎重的方式向对方透露。"灵樨说道。

"懂了，要善于创造，关键在于演戏。"

"有个问题，就是我们要如何判断对方告诉我们的消息是真的，还是编造的谎言。"秦明问道。

"这个问题好，对方愿意和我们沟通，但真假却需要我们自己去辨识。可以多看、多听、多想，通过这三步去辨识对方所说的信息的真假。"

"看什么？"

"仔细观察对方告诉你相关信息时的表情和动作，比如人们在感到安逸的时候，表情和动作都是舒缓的，会把四肢张开，也会占用更多的空间，表情和手势也是松弛自如的，不会环抱着身体，可能还会跷个二郎腿，上下左右地摇晃。而当人们紧张或焦虑时，会收缩自己的身体，紧握双拳，或者是搓揉手指，眼神失去焦点，不愿意和你对视，会用手触摸自己的耳朵、鼻子、脖子，或者表现出随意地整理衣服等，这些动作实际是在告诉我们他们的内心状态。有时也会有一些细微的表情混合在这些肢体动作中。我们要留心分辨。

"比如当我们问销售人员：'你是否把所有的销售款都上交给了财务部门？'对方回答：'根据公司的规定，在收到的第一时间就会上交给财务部门。'同时又漫不经心地整理了一下衣服。那这时我们就要注意了，第一，他避重就轻地说了'根据公司规定'，而不是'所有收到的款项都上交给了财务部'这样的肯定性语言。那么，他为什么不给出正面的回答呢？第二，他在回答的同时整理了衣服，这个动作和漫不经心的表情很可能反映了他心中真实的情绪。谨慎的表达，以及散漫的表情和动作，是口是心非的表现。因为大脑在集中精力或意识时，是无法挤出多余的脑力来应对表情和动作的。"灵樄说道。

"哇,我觉得自己要变身福尔摩斯了。"小米越听越兴奋。"还有,我们要听什么呢?"

"听有两个重点,一个是听他说什么,另一个是听他怎么说。"

"当然是我们问什么他们回答什么了。"小米一时没听明白。

"说什么,是指对方回答的问题是不是和我们所提出的问题相关,是不是'答非所问',或者总是说一些无关的信息。如果是,表明对方不想透露具体的或者是真实的信息,或者是想转移话题。还要看回答的问题有没有夸大其词,或者回答时不使用'我'这个主语,而是使用一些'大家''公司'之类的词语。如果是,这表明对方在刻意地疏离,不想把自己和你们正在交谈的事情扯上关系。

"另外,如果对方毫无征兆地突然发怒,使用攻击性的语言,那么很可能是我们戳中了对方的痛点。当然,心智或精神有问题的人不要混淆进来。

"在对方回答问题时会有很多语言之外的信息,也就是我们所说的听他怎么说。比如对方的语速、语调、停顿等。如果对方回答问题时反应迟钝,思考很久才会回答,要分辨这个问题对对方意味着什么,有没有可能对方是在思量我们审计人员掌握了多少信息,所以要思考并寻找最好的回答方式。如果对方回答时磕磕巴巴,或者长时间停顿,判断时要考虑我们提出的问题是否涉及较远时期的事情,如果是最近期间发生的,则对方很可能是在思考怎么编故事。如果对方在回答时语调发生变化,比如声音越来越小,甚至模糊不清,或者插科打诨、借咳嗽或笑声来转移话题,那很可能是对方不想把事情说出来,或者不想提供完整的信息。另外,还有一种背书式的回答，语调平淡，没有起伏，这种情况大概率是在背事先准备好的说辞。

"'多想'是指多思考对方讲话的内容是否符合逻辑和常识；对方表述的事情是否合理，陈述的事情是否存在错误的时间、地点等信息；是否和公司的标准流程或者惯例一致，有没有出现异常的信息，针对这些异常的信息是否可以合理地解释。要知道一个人在极短的时间内编造出细节周密的故事需要消耗大量的脑力，而且要记清所有的细节也是不容易的。所以，一般在编造故事时都是只编造一个大概，也就是主要的故事情节，而不会去注意当时的情绪、表情等，所以通常不会详细地告诉你很多细枝末节，也不会告诉你事件中其他人的情绪表现或动作表现，基本上是在无感情地诉说自己一方的发展。所以，我们在询问时可以问一些细节性的问题来帮助我们判断。比如'某某在把东西交给你的时候在哪里坐着，他给你之前在做什么'？这样的问题会很好地帮助我们作出判断。

"另外，在访谈中，如果对方提供了重要的信息，我们千万不要马上就拿出纸笔进行记录，这实际上是在用我们的行动告诉对方我们的审计重点，也会让对方察觉到自己刚刚可能透露了不该透露的信息，避免对方在后面的谈话中改口或者否认。访谈实际上很考验我们的脑力，要在短时间内记住并分析大量的信息，还要进行思考，牢记这些信息，并且同时又要进行博弈，制订出接下来的访谈对策，甚至还要为后面的访谈埋下伏笔，看起来只是一个谈话，实际上并不简单。"灵樨说道。

"不说不知道，原来谈话竟然有这么多技巧，这简直跟007似的。"小米的兴趣越来越浓了。

"如果对方不配合怎么办？或者不想参加访谈，想立即结束访谈，我们要怎么办？"秦明问道。

"不配合、不想参加是很常见的情况，我们要预知，在访谈前我们就要和对方的上级领导以及人事部门进行沟通，并获得他们的配合。如果还是不想参加，我们要了解清楚是什么原因不想参加，如果是工作原因，则说明已经获得了对方领导的同意，请其配合访谈。如果是私人原因，比如个人健康问题等，则可以结束访谈，但需要在访谈记录中写下事由，在访谈结束后要确认对方提出的理由是否真实。

"如果在访谈过程中对方情绪比较激动，比如不停哭泣，或者不断地表示对管理层等的不满等情绪，我们尽量不要打断对方，等对方情绪平静后再开始访谈，尽量让对方宣泄出这些情绪，并适时地表达出我们的倾听和理解，可以给其递张纸巾或者倒杯水，表示出我们的关心。"灵樨说道。

"嗯，有时候，我就是想哭，等情绪发泄完了，该干什么还得干什么。"小米深有体会地说道。

"我们如果遇到重要的访谈是一定要做笔录的，如果是一些信息不太重要的访谈就不需要进行笔录登记了。通常笔录要写清楚访谈的事项，访谈人的姓名及身份信息，被访谈人以及访谈的时间、地点，还有就是如实记录访谈的内容，在访谈结束后，还要将记录的内容交由被访谈人看一下，让对方在笔录上注明'以上×页笔录我已看过，与我所说的一致'，并签上姓名和日期。"灵樨边说边递上了一个格式样本。

访谈记录

访谈事项：

访谈人：

身份：

被访谈人：

身份：

访谈地点：

访谈日期：

开始时间：

结束时间：

问：我们是林氏商贸集团公司审计部门工作人员。根据集团相关审计工作规定（或：就××事件）向您询问了解相关情况。通过谈话笔录的形式予以固定，并同步录音/录像，您同意吗？

答：

问：请您陈述一下××××（具体事件）的情况。

答：

……

以上×页笔录我已看过，与我所说的一致。

被访谈人签名：

日期：

知识小结

接到举报信时,要第一时间和举报人取得联系,对举报事件进行核实,并且从举报人那里获得更多的线索和具体的证据。舞弊审计中要注意谈话技巧,与舞弊嫌疑人谈话时,要掌握对方的思想和心理状态,这样可以更好地和对方共情,建立某种程度的信任,促使其提供信息,甚至最终认错。其中会运用很多心理学方面的技巧,注意节奏,并做好访谈记录。

证据从哪里来

"当发现舞弊情况时,必须从根本上解决问题,不能仅以处罚作为解决问题的唯一手段,要深挖舞弊背后的原因,要治标,更要治本。而要证实舞弊,就需要有力的证据,访谈是舞弊审计中的一个重要环节,如果能在访谈中让舞弊者自己认错,那就会节省很多时间,但不论是舞弊者自己认错,还是后续通过审计程序让其认错,这中间都少不了审计证据。前面我们提到过舞弊审计的证据,实际上,审计证据是随着审计的进展在审计程序中不断地获取的。

"古罗马有句谚语叫作'举证之所在,败诉之所在'。就是说如果你一旦选择以诉讼的方式来维护权利,那就意味着你将负有举证的责任,如若你不能拿出证据,则可能要面临败诉的不利后果。换句话说就是做事要讲证据。"灵樨说道。

"我们不是内部审计吗,怎么这么严肃呀?"小米一直觉得内部审计再怎么也都是自己公司内部的事情，怎么就需要选择诉讼了呢？"

"对于舞弊审计，我们要以可能会走司法程序的心态来对待舞弊调查，以此来确保取证过程的合法性和合规性，也要保证证据的可用性。对舞弊审计来说，不仅要证明舞弊行为，还要证明舞弊意图，以确定当事人在做违规行为的时候是否主观故意。"灵槊解释道。

"不是看结果就行了吗？"小米不解地问道。

"你看新闻的时候是不是听说过'故意杀人''故意伤害'之类的？在这之外是不是还听说过'过失致人死亡''过失致人重伤'？"

"好像是的。"

"当事人在做违规行为时，是不是主观故意的也是一个很重要的考量因素。证明文件是不是符合规定、数据是不是有错误很容易，但证明一个人的思想状况就不容易了。"

"就是，我还在想这人是怎么想的要怎么证明呀？总不能问'你当时是故意的吗'？"

"说到这个，就要先知道什么样的证据才具备法律上的证据资格。首先，不管是刑事诉讼中所说的证据还是民事诉讼中的证据，其基本属性是客观性、关联性、合法性，只有同时具备这三点的证据才能被认定为具有证据资格。这里的客观性、关联性、合法性就是证据的'三性'，不具备'三性'的证据将会被排除在诉讼程序之外。其次，我们通常把证据分为直接证据和间接证据，直接证据是能够单独、直接证明待证事实的证据，而间接证据则不能单独、直接证明待证事实，需要与其他证据相结合才能证明待证事实。比如我们说证明数据是不是有错误通常使用的就是直接证据。我们可以依据合同约定的价格和数量进行计算，这个合同就是直接证据，这样的证据比较直观。比如充分有力的人证，老张看到小李给了老王一笔现金，老张就是人证。比如完整的电子记录，当事人双方的通信记录、视频、照片、录音，这些也是直接证据。但有一点，这些视频、录音录像是不能经过任何人工处理的，也就是你不能自作主张地剪辑，这样很可能会将有力的直接证据变成无效证据。还有就是当事人的供述，比如采购经理自己承认接受了供应商给的回扣。这些都是直接证据。但间接证据就没有这么直接明了，需要结合其他证据一起使用。比如你如何证明你借给小明5000元？"最后问道。

"转账记录呀。"小米说道。

"转账记录如何证明你们之间是借款关系呢？"

"借条？但是现在借钱谁还写借条呀。"小米疑惑了。

"你看，要证明你曾经借给了小明5000元钱，最直接的证据就是小明给你写的借条，或者是小明自己承认他向你借了5000元，并且尚未归还。或者其他人的证言，可以证明小明向你借了5000元且没有还。但你们之间的转账记录就不能直接证明小明向你借了5000元钱，因为这笔转账记录还有可能是其他原因形成的，比如你曾经向小明借了5000元，这笔记录是你还钱的记录。因此，转账记录就属于间接证据。"灵樨说道。

"假如我给的是现金，那不是更没证据了？"

"所以证据就需要你自己去寻找，证据不会凭空出现在你面前。即使我们收到举报信，管理层决定启动舞弊审计，证据也是需要我们在审计程序中一点一点去寻找的。就拿我们收到这封举报信来说，首先要把启动舞弊审计的初始信息详细记录下来，这样做的目的是确保以后审计工作的质量及效率。要知道有的舞弊调查会很复杂，工作期可能会很长，这期间可能会发生其他审计事件，如果因为信息混乱或者人员变动而造成信息流失，导致在后续的审计偏离了最初被举报的事项和调查目标，反而会在无须审计的事情上浪费了资源。"灵樑说道。

"哈哈哈，把初心忘了。"

"登记的时候最好把收到举报信的内容、涉及的事项、实名举报还是匿名举报，被举报人的姓名、职务、任职机构、举报日期、管理层授意调查的情况等登记清楚。然后我们要确定举报的事件是否都是合理、真实的，要对举报事件进行初步筛查，排除恶意举报和无证据举报。并在第一时间联系举报人，这个时间最好控制在48小时以内，尽量不要超过这个时间。因为人们通常最容易在情绪激动的状态下匿名注册一个邮箱或社交账号发出举报信，这种状态下的记忆非常短暂，可能在情绪稳定后就把账号及密码忘记了，而我们如果迟延联系可能就会出现无法联系上举报人的情况。另外，在对举报事件初步筛查后就要了解被举报人的背景信息了，对其信息了解得越多，对我们后面的审计工作越有帮助。

"在寻找证据的过程中，不要放过任何微小的线索，像你在电视剧中看到的在办公室垃圾桶里翻到撕碎的纸条，拼接之后获得了关键证据，这些事情是真的在现实中发生过的。比如捡到了撕碎了的餐饮发票，可以去这家餐饮店碰运气，或者巧妙地和店家交谈，以获取更多的线索及信息。

"在文件审查中，一般会涉及招标文件的审查、证书证照的审查、合同的审查、发票的审查、印章的审查、签字的审查以及凭证的审查。比如招标文件的审查中，很常见的舞弊现象有陪标、围标、串标、独标、不合格的供应商入围单位合规供应商、在招标过程中给予特定投标人特殊待遇、招标人泄露信息等情况。

"如独标现象，在审阅时要关注弃标的投标单位，并向其确认为什么放弃投标。如不合格的供应商反而中标的情况，可以审查该供应商的资质及经验，是否符合招标单位所要求的经验和相关资质，尤其是对一些规模小、实力比较弱的中标公司要特别留意。另外，还要关注实际供应商与投标供应商是不是同一家。

"再比如，在对围标、串标的审查中，要知道最常见的串标方式有投标人商议一个投标高价，并让其中一家以该价格投标，其他人以更高的价格陪标；或者是在此基础上再加一个护标者，也就是以最低价来投标，而该中标单位在中标后以各种借口不签合同，迫使招标人把合同转给次低的中标人；或者投标人以各种方式拦截其他投标人，通过贿赂或者其他手段要求其他投标人放弃投标，或者是以高价投标，来保证最终的中标。可以关注除中标人以外的其他投标人和中标人的关系，这种情况通常是中标人安排自己公司的员工冒名顶替事先安排好的陪标人来参与投标，可以关注他们留存的联系信息，寄送标书的地址、领取文件人和递交文件人的身份信息，以及对比其所报送标书的关键信息等来寻找蛛丝马迹。具体可以注意有没有不同公司提交的投标文件等资料中出现相同的错误，比如打出同样的错别字；不同公司之间的文件对某些价格的计算或估算极其相似；不同公司发出的电子邮件是由同一个服务器发出的；不同公司登记的联系方式是相同的或归属于同一控制人；不同公司的投标保证金来自同一公司账号或者是同一控制人、关联人的账户；一家公司的投标文件中出现不一样的印章。注意投标文件中的电子文件创建人是否相同，文件的保存人、保存时间是否相同，所使用的照片、图表、图像等是否相同。

"另外，还要查看有没有接受逾期提交的投标文件；有没有接受内容不齐全的投标文件;有没有无审批、无理由地延后投标截止日期;有没有修改规格和范围要求的信息却只通知个别竞标者,而并没有通知所有的竞标者的情况发生。如果有漏标的现象,那么中标的金额会和标底特别接近,有的可能就是直接乘以1以内的倍数,比如乘以0.7或0.8来确定投标价,所以可以关注一下投标的金额。

"对于证照文件,常见的舞弊手法是利用PS(Photoshop)手段的P图伪造。我们在审计时如果对文件有所怀疑,就要向发放该文件的机关咨询并确认真伪。除了通过官方途径向发证方确认外,还可以向供应商或客户确认其所发出的文件,以此来验证文件中的重要信息。比如我们可以向其询问对方所提供的产品和服务,或者问一下对方最近一次的报价是多少。或者我们可以直接告诉对方找报价单上的某个联系人,以此查看是否存在挂靠行为或出借资质的行为。另外还要重点关注资质资料明显不足、文件过于简单的投标人,文件中有没有修改、遮盖、P图的痕迹,比如文件中线条或表格有没有拼接的痕迹、是否有类似于复印造成的痕迹等。

"对于合同的审查,首先需要关注所签订的合同是否有必要性,也就是是否符合企业发展的需要,符合企业的利益。是否存在签订不必要的合同,或者挪用企业资金的情况。合同的交易量和采购量是否符合企业的需求,有没有超额采购的情况。合同约定的内容是否合法、合规,对方的资质是否齐全,合同条款是否和招标文件一致,合同的执行情况是否和合同约定的协议条款一致,是否存在阴阳合同,是否按照合同规定内容完成合同。如果合同存在变更的,了解合同变更的合理性,是否有签订补充协议,是否违背初始合同,是否经过了双方的协商一致,并且签订的流程及用章都符合规定且均已授权。

"说了这么多,实际上就两点,一个是不该存在的东西出现了,另一个是应该出现的东西没出现。前者是存在异常,后者是缺失正常。"灵樉说道。

"事出反常必有妖,我们只要盯着反常的地方就行。"

"嗯,小米这总结还真是挺到位的。从某种意义上说,我们还真是在找异常。比如有些文件可能存在不符合企业惯例的现象,别的合同都约定工作日发货,只有这份合同约定周末发货;或者存在不符合企业制度的情况,比如明明有规定超过50万元的合同就需要走公开招标的流程,但有一份合同偏偏就没有公开招标;还有不符合逻辑的事情,比如采购单上的日期竟然比收货单上的日期还晚。这些异常现象就像一群白天鹅里突然出现的黑天鹅一样明显,而这一只黑天鹅就说明了世界上并不是只有白天鹅。也就是告诉我们,有一只'黑天鹅'的存在,就表明可能存在有文件舞弊的迹象。"灵樉说道。

"嗯,我们的任务就是抓到'黑天鹅',哈哈哈,我们的代号可以叫'抓鹅小分队'。"小米打趣道。

"先抓你这只呆头鹅。"秦明实在搞不懂小米这脑回路,怎么突然会想起来给自己起这么个代号?

"有些舞弊者会想尽一切办法舞弊,比如模仿领导的签字、私刻印章等,这让我们在审查时还真有点真假难辨。"灵樉没理小米,接着说道。

"有个技巧可以试一下,在审查文件前,先看下相关人员和领导的签字,尽可能多看一些样本,或者拍照留存在手机里,并且仔细观察这些签字有没有特殊点,比如起笔的方式、力度、收笔点、习惯使用的笔迹颜色等,在脑子里留有一个印象,在接下来的文件审核中才有意义。不要认为有签字就算有审批了，有的签字可能并不是本人签的。还有一个小技巧要知道，如果看到两个一模一样的签字，一定要警惕，要知道一个人写出一模一样的签字的概率几乎为零。

"而对于印章，最常见的舞弊手段就是私刻印章和P制电子章了，而且现在的技术越来越发达，假的比真的看起来都像真的，以前私自刻制的印章可能在尺寸上、字体上会露出差别，但现在的技术几乎已经找不到什么差别了，与其去寻找印章上的差别，不如去观察印章所覆盖的文字，如日期、签字等是否相同、所压住的文字是否有拼接的痕迹等。

"印章审核还有一个小技巧可能你们没有注意到，那就是企业公章通常都有一个特性，公章中的五角星两个朝下的角通常是对准企业名称的首位和末位文字的，即使企业的名称起得再长，用字再多，印章中的企业名称大小是会根据名称的长短来调整的，以方便让朝下的两个角对着企业名称的首位和末位文字。所以如果看到印章中的五角星位置有异样的，就需要琢磨一下这是不是P图的印章了。"灵樨说道。

"你说这科技越进步吧，这舞弊手段也跟着进步，有的P图P得比原图都逼真，这让我们审计人员也是压力倍增呀，我们怎么就总也找不到问题，找不到证据呢？不过还幸好有这些小技巧呀，也不怕这些舞弊手段了。"小米听到灵樨的这些小技巧不由得感叹道。

"你不是找不到，你是不用心。"

"在舞弊审计中，造假和篡改事项往往很隐秘，那么我们在执行审计程序时就要多加注意，不要只看表面，而是多看实质。有时我们在翻看文件时，可能只是核对了金额就算完成工作了，甚至连发票上的其他信息都懒得去核对。只关注表面上的合规，不是你能力不足，而是你只看到了你想看的，你的思维限制了你的视角。提个问题吧，你要查一笔300万元的销售费用，你要怎么查？"灵楳问道。

"从财务软件中调出这笔300万元的费用记录，看会计分录是否正确，然后找出这笔分录的原始凭证，看原始单据是否合规，是否有审批签字，金额、项目等发票信息是否正确，还有付款的凭证是否有领导的签字，签字是否符合常规。"秦明说道。

"嗯，我也是，查看分录和原始凭证，看金额是否正确，凭证和票据之间是否匹配，是否有审批签字，如果都没有问题就是合格的。"小米也说了自己的方法。

"流程很对，特别是秦明还关注了签字的真伪，可是你们怎么没有想一想，为什么会有这笔300万元的费用出现呢？这笔费用是否在预算内？产生的时间和金额是否合理？审批人是否合适？有没有利益冲突？除了签字，票据是否有造假的迹象呢？"灵楳说道。

"哎呀，还真没想到。"小米直言不讳地说出了自己的忽视。

"这没什么，要知道人的注意力是有限的，通常我们只会关注到我们认为重要的事物。虽然我们的感官会感知到很多信息，但我们自己会主动地把自己认为不重要的信息给屏蔽掉，这就是我们的意识盲点。在审计中，如果只想着文件中的某些特定的元素，比如名称、金额、会计科目、签字等，这就会导致我们无法注意到异常点的存在和正常点的缺失，也会错失舞弊证据。"灵楳说道。

知识小结

证据的基本属性是将同时具备客观性、关联性、合法性的证据认定为具有证据资格。这就是证据的"三性"。不具备证据"三性"的证据将会被排除在诉讼程序之外。

报表舞弊怎么审

"灵樨姐，舞弊是不是都会影响财务报表？"小米问道。

"企业内的所有交易最终几乎都会与财务会计相关联。比如采购回扣、私设小金库，都是将企业利益转移为个人利益，如果出现截留货款、多记少记以及错误记账的情况，都会直接或间接反映在财务报表和会计账簿上，所以资金流转和财务报表真实性的审查也是舞弊审计的一个重点。"

"我觉得，有些管理者很多时候是意识不到自己是在进行财务报表舞弊的。"秦明说道。

"确实很难区分，财务报表舞弊和财务报表粉饰其实在本质上是非常接近的，财务报表粉饰一不小心就会变成财务报表舞弊。财务报表粉饰也有人称其为盈余管理，实际上都是管理者们在会计准则的框架之内过于主观地运用一些准则，以达到操纵利润的目的。谈到财务舞弊，基本就是管理层有组织的，以虚构利润为目的的，要么操纵利润，要么操纵现金流。"灵樨说道。

"我知道！我知道！要么把利润往大了算，要么把利润往小了算。"小米一听操纵利润，立马说道，她之前没少听灵樨说。

"嗯，还有为了塑造业绩优良、成长稳定的形象，会趋向于利润稳定增长的利润操作手法，不让利润有大幅度的增长或下滑。这样做的好处还有一个，就是可以获得较高的信用评定等级。通常会利用其他应收款、其他应付款、待摊费用、递延资产、预提费用等科目进行利润调节。"灵樨说道。

"通常上市公司很喜欢把利润往大了算吧。"秦明说道。

"这确实是最常见的情况之一，比如为了满足增发股票、配股、发行债券的需要，或者是为了避免被退市或被ST（special treatment，退市风险警示）。但也有企业为了融资、获取信贷资金时也会这么做。有的管理者为了自身的利益，比如为了应对企业内部考核，为了推卸自己经营失败的责任，或者想在企业的投资并购中抬高收购价格时，也会有这方面的需求和操作。

"想要利润高，要么抬高收入，要么降低费用。有些管理者是从交易上入手，有些是从会计政策上想办法，还有的是两者配合。所以常用的做法大致有提前确认收入、变更收入确认的会计政策、通过一次性或非持续性的活动来推高利润、利用关联交易来抬高利润，或者直接假造经济业务来抬高业绩，还有的管理者会通过资产重组或者变卖资产来虚增营业利润。从降低费用的角度来说，有隐藏费用或损失、少计费用或延迟当期费用到以后期间确认等这样的方法来操纵利润。

"关于收入的确认，我们在审计的时候，要注意结合销售合同来审查，注意合同条款上的要求，特别是产品验收的条款。确定什么时候购买方真的验收产品了，确保企业在月底确认的收入都是符合客户最终验收要求的。防止出现在未完成合同的主要任务前就确认收入的情况。

"注意审查会计期末有没有大量的销售确认，而下个会计期初却出现大量的销售下滑或产品退货的情况。特别是在季末季初或者是年末年初出现时更要注意。出现这种情况时我们要注意确认有没有在承诺客户无须付款或给其退货许诺的情况下确认的收入。比如销售经理先让客户把货物拉走并确认收入，但是私下里又答应了客户无须付款或者可以退货。或者是承诺以极高的返利、奖励，以及超长账期等条件让客户购买多于其真实需要的商品。这种情况下如果客户无法消化掉所有的货物，那么在下月初或下个会计期间就会有大量的退货发生。这种做法可能会导致过多的库存或坏账产生，我们也可以从账龄较长的应收账款或年初出现的大量销售红字回冲中发现端倪。如果没有出现销售红字也别大意，还要结合销售费用来审查，因为有些企业可能会为了不出现红字而将退货违规计入促销费用或其他费用中。

"另外，还要注意审查有没有把客户支付的定金、订金、预付款等全部计入销售收入，而货物的所有权还没有转移到客户手中的情况，以及预付账款有没有无理由地大幅降低，应收账款有没有无理由地大幅上涨。因为前者可能是所有的预付账款都已经确认为收入导致的，后者可能是允许大量的赊销导致的。

"变更收入会计政策的情况大多出现在会计期间将要结束的时候，这时修改会计政策大多是为了提早确认收入，比如将完工交付确认收入变更为完工百分比法确认收入。这样原本要到下一个会计期间才能确认的收入就可以根据完工百分比来确认收入了。再比如把交货时确认收入变更为发货时确认收入，将需要安装调试后确认收入变更为在客户签收时就确认收入，或者随意修改会计结账日期与天数。这样就把不属于本期可以确认的收入确认在了本期，从而影响了本期的利润。

"关于企业利用一次性和非持续活动推高利润的情况，主要是通过将利得隐藏在费用里实现的。比如企业把出售某个业务板块获得的利得计入一般费用的贷方，也就是通过费用的减项来隐藏收益，这种方法就是把售卖业务的这种一次性的、非持续性的收益变相记账为正常经营的收益，从而达到影响利润的效果。

"如果在审查中发现企业有重组或变卖资产的行为，要注意有没有将资产'转换'成未来的利润的情况。要关注在重组中的价格是否公允，有没有附带的销售条款。比如低价变卖子公司后又附条件以低于市场价格从出售的子公司中采购货物，从而给公司创造出更大的未来营业利润空间。或者是将变卖资产的合同价格人为拆分，比如将1000万元的价格拆分成600万元现金支付和400万元购买为期3年的其他服务这样的两份合同来体现，600万元为变卖资产的售价，而400万元则作为递延销售额分3年转入。这种逻辑就是利用固定资产的价值来'创造'未来的虚假销售，从而把资产'转换'成未来的利润。

"如在审查时发现有和关联企业之间的交易，则要注意这些交易是否有合理的商业理由，有没有互相倒买倒卖，以此来创造出虚拟的交易量和利润出来。有没有以低息或高息发生资金往来，以此来调节财务费用。有没有以委托经营或受托经营的方式来抬高业绩等情形出现。要注意结合合同中的条款和条件来审查,特别是注意有没有客户是同行或者客户同时也是供应商的情况出现。留意查找有没有我们并不知道的潜在关联方。"灵樉说道。

"这种有关联方的还好,总是还有交易在,那些没有交易硬创造出的交易才可恶呢。"小米说道。

"你怎么知道哪些交易是创造出来的?"秦明反问道。

"我就是知道……"

"这种多为通过造假原始凭证,或者利用真实的客户或供应商制造虚假的购销合同,从而创建出虚构的经济业务,虚增的往往是应收款项、存货或固定资产等,审查时要查看有没有和不在供应商清单里的供应商发生的交易,以及有没有实质性出、入库的记录。我们在收入审计的时候也有说到。"灵樉难得看到小米在秦明面前吃瘪。

"通过隐藏当期费用或损失来达到虚增利润目的的情况,通常会忽略权责的发生,故意以错误的金额来记录交易所产生的费用,或者故意不记月末收到的费用发票,这样就使得当期的费用减少。或是联合供应商让供应商先把下个会计期间的采购折扣款项给企业,并将其记为当期费用的减项,达到使当期费用减少的目的。又或是通过转回前期的备用金和费用计提,以达到消减当期费用的目的。还有一种是出镜率最高的,小米你说一下。"灵樉不动声色地帮小米找回了面子。

"滥用会计估计,把许多费用延迟到未来期间记录。比如提高残值率来降低折旧;延长成本费用摊销期,把24个月延长到48个月;把经营费用资本化,转为固定资产或待摊费用,从而降低当年的费用;不计或少计减值准备。"小米递了个感激的眼神说了起来。

"在费用及时入账这里，可以结合付款单据和对方取得联系进行确认，来确认是否有拖延费用或少计当期费用的情况发生。"灵樨说道。

"把利润往小了算是不是为了少缴税？"秦明问道。

"有这方面的原因，另外一种常见的情况是为了不被退市或不被调任，把当年的亏损做大，然后在下年再把夸大的费用部分给冲回来，这样就营造出了扭亏为盈的局面。除此之外，还有一种情况下会出现减小利润的需求，那就是在企业更换管理层或法定代表人，或者是来了新的总经理的时候，新的接班人往往为了明确责任，会把当年的会计报表利润最小化，这样做也是为下个会计期间隐藏了利润。有的更甚者会去调整上一年度的利润，来保证自己在任期间的利润提升。

"容易虚增成本和费用的地方是人工成本和材料成本，通过利用临时工、现金发放工资等方式来虚增人工成本，这种情况往往通过核对工资发放记录和人力资源部门的员工名册记录、社保缴纳记录等就可以发现，或通过购买发票的方式来虚构材料成本，这种情况下往往缺少送货单据和收货单据这样的物流凭证，通过检查原始凭证来进行审查。另外，还有把未来的费用在当期确认，比如一次性确认一年的租金费用，或者不该在当期核销的资产违规在当期核销，从而避免未来形成费用。还有把当期实现的利润推迟到以后期间确认，比如收入不记账，而是挂在往来账上，或者把当期的收入记入递延收入里。还有通过在当期多提各种准备金而在以后期间转回形成后期利润的方法，这种方法在'江湖'中备受欢迎，因为涉及准备金的计提往往和业务经验、专业评估以及主观预测分不开，这种灵活性颇高的预估计提属于千人千面的存在，使用者可以说预估不准确，也可以说受当前市场变化的影响，所以释放利润时也比较方便灵活。我们在审查时要关注计提的计算凭证，注意计算基础是否准确合理，是否有人为调节的痕迹，特别是在季末季初有频繁调整的时候更要多加注意。有时候你可能想象不到各种计提的名目，比如裁员费用计提、破产费用计提、退货费用计提、库存折损计提等。

"正常情况下，企业的利润应该是由主营业务收入撑起的，其他收入来源如投资收益、营业外收入和补贴收入等占比通常是非常小的，有时甚至是可以忽略不计的。我们在审查时如果发现企业的利润主要来源于投资收益、营业外收入或补贴收入，那企业的主营业务可能出现了问题。我们需要关注这些非经常性损益的性质、金额以及发生的频率和发生的时间，比如是否在被收购前后发生的。另外，利润出现的时段是否分布正常也是我们需要关注的。比如企业的业绩是否主要发生在第四季度，或者是前面的月份都表现平平甚至亏损，而在12月份突然暴涨的，这可能意味着企业的主营业务出现了较大的变化，或者报表可能已经被操纵了。这里提醒一下，我们在进行企业利润稳定性的分析时，记得要把其他业务利润、投资收益、补贴收入、营业外收入等从利润总额中剔除掉，尤其是利用资产重组来调节利润的时候产生的收入通常都是在这些科目中反映的。"灵樱说道。

"要是凭证量少还好，可大多数时候凭证量都是很大的，我们审查起来也很费功夫。"小米不免有些咋舌，虽然听得很激动，但从这么多凭证里让她发现问题出来还是很费时间的。

"有个技巧，要想操纵财务报表，大多得在整体财务状况比较明朗的情况下，这时才能确定业绩还差多少才能完成。因此，用来平衡业绩的会计调账通常都出现在期末，而后会在下个会计期间的期初再冲回去，如果是下期的业绩仍不理想，就会在账上挂的时间长一些。

"如果虚增收入，最常见的就是应收账款造假，这会导致应收账款余额增加，从而使应收账款周转率下降。为了应对这一现象，往往会把应收账款计入其他应收款或者是预付账款中。通常使用的手法是先把资金转给合作的客户，然后记在其他应收款或者是预付账款里，再让客户把钱当做货款转回来，企业再确认为销售收入。我们在审计时需要关注同时出现应收账款、其他应收款、应付账款、其他应付款的供应商或客户，特别是频繁的双向资金往来情况。另外，对于各种在应收账款和应付账款之间频繁往来的转账也要多加关注。如果其他应收款和预付账款余额很高，要确认这些余额是不是虚增收入遗留下来的没有消化掉的款项。

"实际上，财务报表中的任何一个项目都有弄虚作假的可能，有些比较常见，还有一些不太常见的是隐藏起来的账户，比如在某个科目下设置的过渡账户，通过这些账户把费用隐藏在资产负债表中。由于这些账户常年使用，有些甚至是系统自动生成的交易余额，在审查时往往很容易被我们忽视掉，所以不要将经常使用的过渡账户默认为无须关注的账户。另外，还有一些资产实际上已经发生变化了，却不在账面上反映，比如固定资产已经破损却不计提任何减值准备。对外投资的企业已经破产却还按初始投资额挂账。所以资产要结合现场实地的盘点记录来审查，这点在存货审计和固定资产审计时已经说了，和这里也是相互对应的。"灵樨说道。

"除了利润的操纵，不是还有现金流的操纵吗？现金流我们要怎么审查？"小米问道。

"现金流往往是配合虚增的收入，比如虚增经营现金流，让人看到确实有大量的资金进出，从而夸大企业经营中的现金创造能力。比如将融资获得的现金流入记为经营活动现金流入。这种通常会把从银行获得的贷款、从关联方或其他渠道获得的贷款确认为经营现金流，或把固定资产变卖，把预付款、其他应收款、其他应付款中的资金往来等计为经营活动的现金流。再有就是通过减少经营现金流出的方式来美化经营现金流。通常是把经营活动的成本费用支出计为资本性的现金流出，如把购买材料的采购支出计为投资活动现金流出。还有通过连环交易的方式创造出经营现金流。比如我们把商品卖给关联公司甲，甲再卖给关联公司乙，乙再卖回给我们，这样转一圈后经营现金流就创造出来了。我们在审查时可采用倒查的方法，从现金流量表检查到原始凭证。另外也要关注净利润与现金净流量的关系。如果企业的现金净流量长期低于净利润，那么可能表明已经确认为利润的资产不产生现金，而是产生不能转化为现金流量的虚拟的资产。可以查看是否有长期挂账的应收账款、其他应收款等，或者是待摊费用等。"灵樨说道。

"不是说财务报表有很多比率的吗？我们是不是也可以用？"小米突然想到了财务比率。

"可以的，在财务报表的审查中，通过比率分析指标来进行审查也是很常见的方法，也就是我们前面说到的比率分析法。因为在财务报表中，不管是表内还是表与表之间都是有勾稽关系的，由于财务报表的基础是复式记账法，所以很多项目余额的变动是会相互影响的。利用这些相互影响的规律，也能审查出异常情况。这些通常体现在收入与现金流、收入与费用、收入与纳税情况等方面。比如我们刚刚说的销售收入增加，但经营现金流却没有增加；再比如经营业绩逐年提升，但应收账款或存货周转率却在持续下降；销售收入规模持续增长，但营业费用或管理费用却在持续下降；比如销售额与盈利额都很高，但纳税金额却很低；比如明明多年来利润表现不错，却没有实际的再投资和扩张，也没有多少现金余额等。实际上，这些现象也可以看作是报表舞弊的预警。"灵樨说道。

"我们知道操纵财务报表的目的是掩盖一些财务状况，为了满足某一方面的要求，这样势必会顾此失彼，使得财务数据关系和财务分析指标出现异常。我们在审查时要关注超出合理范围的财务指标，常用的有应收账款周转率、存货周转率、固定资产周转率等各类资产的周转率，和现金比率、速动比率、流动比率、利息保障倍数、资产负债率以及净利润率、毛利润率、销售增长率、资产增长率等指标。

"财务报表舞弊，是很难做到没有异常的，除了贪污腐败的舞弊，绝大部分企业内的舞弊最终都会以各种形式表现在财务报表中。如果数据异常，还是要结合会计凭证、文件、合同等资料进行审查的。"灵樨说道。

"不是说风过留痕，雁过留声吗？只要是舞弊，怎么会不留下痕迹？"小米说道。

"那你首先得知道人家是如何舞弊的。"秦明提醒道。

"放心，我先掌握防范这些舞弊行为的手段，知道力往何处使再说。"

知识小结

操纵财务报表的目的是掩盖一些财务状况，为了满足某一方面的要求，这样势必会顾此失彼，使得财务数据关系和财务分析指标出现异常。财务报表舞弊，是很难做到没有异常的，除了贪污腐败的舞弊，绝大部分企业内的舞弊最终都会以各种形式表现在财务报表中。如果数据异常，要结合会计凭证、文件、合同等资料进行审查。

05 报告及归档

审计报告

"我们完成审计工作后是不是还要出审计报告，审计报告和事务所出的一样吗？"秦明问道。

"审计报告是我们最终审计工作成果的输出，其重要性不言而喻，但我们内部审计所出具的审计报告和外部审计的审计报告在格式上是有所差别的，我们不会像外部审计一样给出'无保留意见'或'非无保留意见'这样的审计意见，这是我们与外部审计不同的作用所决定的。内部审计的审计报告，其使用者通常为企业内部的人员，而不同的使用者所关注的问题是不同的。对于企业的管理层，他们更倾向于知道问题是什么，是否严重，影响程度和范围有多大等。而对于具体执行的人，他们只关心问题具体是什么，怎么整改。我们出具正式的报告，还要在意见交换稿的基础上根据与被审计单位的沟通结果来编制完成。"灵樧解释道。

"为什么还要和对方沟通审计结果呢？这不就泄露了我们的审计工

作了吗?"小米觉得如果提前和被审计单位沟通审计结果就是泄露了审计工作。

"这是互相沟通在审计过程中发现的问题,比如发现正在进行的重大违规或对企业利益造成严重损害的问题。在这种情况下,是需要被审计单位马上采取相关的措施的。沟通也不是随便的,要根据具体的实际情况进行分析,根据所发现问题的实质及影响,选定我们的沟通对象,最终还要报林总批准。

"审计工作不是我们单方的工作,审计部门也不是一言堂,如果在审计过程中发现了问题,是要随时沟通的。审计的意见交换稿就是这样一个媒介,通过左右两栏的格式将双方意见交换过程做一个记录。交换稿上通常需要简要地说明项目的审计目标、审计范围、就审计工作实施的审计程序,对具体审计发现和初步的审计建议进行阐述等。

"另外,在审计工作结束前,我们还要与被审计单位负责人及相关责任人召开退出会议,我们在审计过程中发现的问题和初步的审计建议都要和对方沟通,要听取对方的解释和意见,并把对方的解释和意见记下来。最后,我们双方都要在意见交换稿上签字。如果有不同意见,可以由被审计单位以书面的形式交给我们审计部,对方提交的书面陈述也要作为工作底稿的一部分一并归档,以便我们日后查阅和分析。

"我们的审计报告通常有几个主要的基本要素,也就是标题、主送部门、审计报告的内容、审计部主管签字、审计部印章、报告日期等。正文部分要写明审计的时间、范围、内容、方式、审计的责任、审计依据、已实施的审计程序、存在的问题、审计意见或建议,如果有需要在附件中说明的也可以加上附件。

"报告的第一段通常是交代审计事件的依据、审计时间、范围、目的、实施的审计程序等内容，简明扼要不拖拉。存在的问题则要详细地列出，揭示违反企业规定的财务收支或经营活动情况，并需要分析这些问题造成的影响及危害。审计意见是对已审计的财务收支或经营活动及相关资料的概括表述，结合审计方案确定的重点，以及在审计中发现的重大问题，围绕财务收支和经营活动的真实性、合法合规性和效益性，以及被审计单位应当承担的经济责任等作出的评价性意见。另外，如果在审计中发现有内部控制薄弱环节，也需要提出改进意见。"灵樨说道。

"灵樨姐，我怎么感觉还是无从下手呀，虽然也知道了报告包括的要素，但还是摸不着北呢。"小米说道。

"别着急，一步一步来，撰写审计报告本就不是一蹴而就的。我们可以在撰写审计报告时将其分割成几个步骤，这样按图索骥就会方便很多。

"首先在实施了审计程序后，将审计工作底稿以及相关资料进行汇总，如果发现有问题可以进行重点说明。然后对我们收集到的审计证据进行分析整理和筛选，剔除掉那些没有价值的审计证据，只保留重要的审计证据，以此来保证我们审计证据和审计报告的质量。确定哪些内容是需要写入审计报告的，也就是哪些是重要的内容，哪些是不太重要的内容，对于不太重要的内容，可以选择在审计过程中随时与被审计方沟通。对于被审计单位存在的各种问题，我们要分析问题的本质和产生的原因，并提出相应的解决问题的建议。这之后就是撰写审计报告的初稿了，初稿撰写完成后，根据确认后的工作底稿，对需要调整的内容进行修改和调整，最终经过复核审定，才能定稿报送。总结起来也就是汇总资料、整理证据、确定内容、分析建议、撰写初稿、复核审定、定稿报送。"灵樨说道。

"你真是太好了！灵樨姐，这样我们照着步骤来就可以了！"小米的撒娇本领也算是职场一绝了。

"举个例子吧，拿我们对一个分公司的年度审计来说，我们可以这样写审计报告。"

内部控制审计报告

林氏商贸集团公司董事会：

集团审计部根据核准的2022年度审计计划，于2022年3月1日至2022年3月15日对林氏商贸集团公司江南分公司实施了内部控制审计。本次审计的主要目的是检查和评价销售、付款、存货管理、固定资产管理、财务管理等业务流程相关制度的有效性和日常执行的遵循性。我们审阅了相关制度，与相关销售、仓储、财务等部门人员进行了面谈，并抽查了相关业务的处理文件。现将审计过程中的情况报告如下：

一、财务管理

公司财务核算总体比较规范，能够按照《企业会计准则》执行，公司财务部制定了财务管理条例使之成为日常财务管理、核算的标准。目前主要的问题是如何更好地执行公司的审批制度。

本次审计，我们抽查了公司部分收付款凭证。发现公司在部分收付款操作中相关业务单证及审批手续并不完备，特别是个别重要的财务收支审批存在滞后审批的情况。见下：

（1）2021年6月12日第0088号凭证单据上总经理签字日期晚于付款日期。

（2）……

审计建议：

公司虽然制定了完备的财务部管理文件，对财务部的日常工作都编制了相应的规章制度，但对各种支出的审批程序、审批权限并没有做出清晰的规定。任何一项财务收支均应经相应的授权审批程序批准后方能执行资金的提现、划拨、支付等业务。公司应当设计完善并认真执行授权审批程序。

二、存货管理

……

本次内控审计得到公司各部门相关人员的积极配合与协助，使审计工作得以顺利完成，特此致谢！

因限于重点，审计工作不能触及所有方面。审计方法以抽样为原则，因此在报告中未必揭示所有问题。

根据公司内部审计制定规定：被审计单位及其相关责任人员，不得因其业务经过审计而代替、减轻、解除其应有的管理责任。

林氏商贸集团公司审计部
2022年4月20日

"再提醒一下，在报告提交审批前，必须将审计中发现的问题与对方进行书面确认，强调一下是书面确认。这样做的目的是避免报告信息沟通不畅而造成对问题的误解，同时也是避免在报告出具后，相关人员不会因受到上级领导的批评或处罚，面临的较大压力而反悔。甚至可以将报告的初稿发给对方进行确认。"灵樨说道。

"那如果对方看完之后不同意怎么办？"

"这也没关系，我们不是有意见交换稿吗，可以要求对方写上不同意的理由，并签上名字盖上章即可。"灵樨说道。

> **知识小结**
>
> 　　审计工作不是单向的，内部审计部门也不是一言堂，如果在审计过程中发现有问题，需要随时沟通。沟通内容可以通过审计意见交换稿来呈现。在审计工作结束前，我们还要与被审计单位负责人及相关责任人召开退出会议。我们在审计过程中发现的问题和初步的审计建议都要和对方沟通，要听取对方的解释和意见，并把对方的解释和意见记下来，最后双方要在意见交换稿上签字。如果有不同意见，可以由被审计单位以书面的形式交给内部审计部门，对方交来的书面陈述也是需要作为工作底稿的一部分一并归档，方便我们日后的查阅和分析。

审计档案管理

"呼,终于可以松口气了。"小米正准备在椅子上来个葛优躺放松一下。

"这口气你还松不了,还有工作要做。"灵槊说道。

"我知道,不是还有整改的后续审计嘛,但这个也得两个月后,我可以暂时放松一下。"小米以为灵槊说的是后续审计。

"想得美!这些审计工作底稿你还得整理好,并且把这些审计资料都归档。"灵槊说着把小米拉了起来。

"啊?还要归档呀,晚点不行吗?"小米拉着灵槊的手又使出了撒娇绝技。

"不行,审计工作完成后,就要尽快把审计材料都归档整理。都让你这样拖着,几个月可能都做不完。时间一长,很容易就忘记归档了,到时候需要对缺失文件进行补充,你什么都想不起来了,有你哭的。"灵槊说道。

"好吧，那我们都需要把什么材料归入审计档案呢？"小米问道。

"审计工作底稿越详细越好，但也不能冗余。一是为了保护审计人员，证明审计人员确实履行了必要的流程、程序，二是为了次年审计时能快速上手，即使审计人员有更替，也不影响审计工作继续进行。所以，审计工作底稿是对我们审计工作过程的一个记录，从底稿中可以了解到我们在审计中都检查了什么，又是怎么检查的。工作底稿要进行编号，一个项目一份底稿，并且要建立索引目录，方便查询的同时也避免忘记归档或是出现归档资料不完整的情况。还有，别忘了把编制者的姓名和编制日期以及复核者的姓名和复核日期写上。"灵樨说道。

"编号我会，这个简单，不就是写个12345嘛。"小米说道。

"别小瞧了编号，这可不是让你在文件上12345这样写上号码，而是要按照所记录的审计工作的内容层次进行编号，比如按发生日期对收入进行编号。每张工作底稿都需要注明索引号，这是为了用于不同类工作之间的链接，也是为了保证审计证据的相关性。还要注明顺序编号，一定是要连续的，这是为了保证同类工作底稿的完整性。而且工作底稿之间要保持清晰的勾稽关系，比如营业收入和销售合同之间。"灵樨说道。

"有些记录一定要写全，比如我们对张三进行了访谈，但叫张三的人可能会很多，一个单位里发生重名重姓的也是常事，所以一定要写清楚职务、性别、工号、访谈时间等以便区别。如果访谈记录的时候没写全，这时整理的时候就要把这些补全了。如果还有没有收回的审计证据，比如已经核对或讨论过，并达成一致意见，只是需要邮寄的询证函、索要的说明之类的，也一定要催促对方赶快补上来。不能等到审计报告都出了，归档资料上的日期竟然在审计报告日后。

"一般我们需要归档的资料包括审计通知书、审计意见书、审计决定及部门和单位领导的审批意见，以及审计建议书等审计业务文书资料；还有审计报告、审计报告征求意见书、被审计单位的书面意见和审计组的书面说明，审定审计报告的记录等资料；还有审计工作方案、审计意见书的落实回访情况记录，后续审计及审计决定执行情况的报告、领导批示和记录；还有与审计项目相关的员工来信、来访记录、请示、报告和会议记录，以及审计过程中进行的访谈记录等；还有需要的制度、流程、合同等的复印件，检查记录文件，检查出有问题的样本记录、测试样本等。"灵樨说道。

"这么多？"

"不是说了是我们工作的记录吗，那肯定是我们做了什么都要记录保存下来的。"秦明说道。

"这里面可以把重复的文件和记录，以及我们初步思考的记录和反映不全面的记录去掉，当然作废的文件也不用归入档案了。"灵樨说道。

"可还是很多呀。"小米忍不住吐槽道。

"审计卷宗要以审计项目案卷为单位进行归档，在归档时可以把案卷进行分类排列，比如可以将其分为计划类、业务类、结论类文件材料，也就是把和审计计划相关的案卷归类到计划类文件材料中，把和审计中实施的审计程序相关的案卷分类到业务类文件材料中，把和审计结论相关的案卷分类到结论性文件资料中，这样进行分类整理并按顺序进行排列的目的是方便查找、查阅。

"比如计划类的可以包括本项目的审计工作方案、本项目的审计通知书、与本项目相关的上级部门或企业领导对项目审计任务的指示和部署意见等，按照文件材料形成的时间顺序，并结合文件材料的重要程度来进行排列。业务类的可以包括审计执行的程序相关证据资料，如抽样样本记录、抽盘后的现金盘点表原件、打印的所做的系统测试的截屏图片、核对的对方银行存款余额、检查出的有问题的样本证据等，同样按照文件材料形成的时间顺序，并结合文件材料的重要程度进行排列。结论类的可以包括向上级部门或者企业领导报送的有关本项目的审计情况报告，审计决定或是审计意见书，被审计单位对审计决定或审计意见书的执行情况，有关审计处理的请示，有关审计事项的报告，有关上级部门或领导对审计事项的批示、批复，有关审计报告相关的会议纪要，被审计单位或人员对审计报告的书面意见，被审计单位或人员对审计决定的申诉材料，有关本项目的通报、处理意见、移速处理意见书等。这个顺序要逆审计程序并结合文件材料的重要程度进行排列，也就是重要的结论性的文件要放在前面。无法分在这三类里的其他备查资料可以单独归类，按照文件形成的时间顺序，并结合文件材料的重要程度进行排列。

"审计案卷内的每组文件之间也有自己的排列规则，它们可以按照正件在前，附件在后的顺序进行排列。有定稿和修改稿的，要把定稿排在前面，把修改稿排在后面。有请示有批示的，要把批示放在前面，把请示放在后面。记住把重要的文件放在前面，把次要的文件放在后面，把汇总性的文件放在前面，把基础性的文件放在后面。"灵樶说道。

"看来我又想简单了，还以为就是编个号码牌把资料码到卷宗盒子里，没想到有这么多细节要注意。"小米总以为是那么简单，没想到背后有这么多规范。

05 报告及归档

"你以为什么都和你一样这么简单呀。"秦明和小米的互怼日常又要上线了。

"不过我们码这么好,又没什么人看到。"小米还是很希望有人能称赞她的工作的,这样动力才会强。

"放心,你归整的档案保存的时间长着呢,最短也得10年,从你出具审计报告的那天开始算,特别重要的还得永久保存,以后看的人多着呢。你的那些后辈们一定会很好奇这个安小米是何方神圣,整理出来的审计卷宗都这么漂亮规范。"灵樨最擅长不动声色地夸奖。

"那是,我安小米经手的工作,能完成得不漂亮吗?!"小米说着就麻溜地跑去整理档案了。

知识小结

审计档案的归档管理是我们审计工作的一个环节,审计档案既是对我们所做工作的一个记录,也是对我们的保护,所以审计档案要尽可能全面,但可以去除掉重复的、初步思考的记录和反映不全面的记录。审计卷宗要以审计项目案卷为单位进行归档,可以把案卷进行分类排列。

番外　审计人员的路在何方

"灵樾姐，审计也挺有意思的，有时候我还生出一种警察办案的感觉来，特别是你说舞弊审计的时候，这种感觉尤其强烈。原来总觉得审计也就是审审财务人员做的账，没想到审计还包含着这么多内容。"小米拉着灵樾的胳膊总结起了她这段时间的感受。

"没错，审计是一门综合性的学科。审计人员需要掌握很多其他领域的知识，除了必备的审计、内部控制、财务知识，还要求审计人员掌握税务知识、法律知识以及公司战略、企业管理方面的知识，还有心理学、人类行为学、信息系统技术等方面的知识，才能应对越来越复杂的审计工作。另外，审计人员还必须对企业的商业运营环境和流程有所了解，即从销售链和采购链到资金链和人力资源链都要有所认识。你必须清楚企业是如何赚钱的，又是如何花钱的，基本的商业流程中要如何审批、由谁审批，又要如何入账。同时，公司的生产流程、质量检验流程、库存管理、物流管理、电子商务平台操作、销售活动等，你都要了如指掌，这样才能在庞大的数据分析中发现问题，并解决问题，还要保证所提出的方案能够落地从而进一步地增加审计效率。

"大多数审计人员都是财务专业出身的，这本是有利于审计工作的，但从另一方面来说，也会带来一定程度的限制。在进行审计时，财务出身的审计人员容易以财务的思维来分析问题，更重视数据呈现的结果，而忽视一些'软实力'，如合理使用谈话技巧来帮助我们在审计过程中获得更多有效证据。又如掌握人际关系处理技巧，迅速和被审计方建立工作关系，使其乐意提供信息。在处理人际关系时，我们更应该表现得像一名擅长和他人交流沟通的'外交官'，而不是时刻板着脸的'方扑克'。

"同时，内部审计工作也不是一个部门的工作，不能孤立化。我们不仅仅需要做好内部的协调、协作，也需要跨部门、跨公司的协调、协作，帮助运营、财务、人力资源等部门分析获得他们需要的分析成果，并引导各部门对应开展工作。"灵樨说道。

"但我们的引导也是有限的吧。"秦明思考得要比小米深一些。

"是的，通常人们都把审计看作是对已经发生的事实进行的审查核计，这也是以往审计的做法，往往是事后发现问题，然后对已经发生的事实再进行处理，有时尚可以亡羊补牢，但即使是亡羊补牢，损失也已经造成了。这样的审计往往对风险的预见性不足。所以我们就要向风险导向性的审计去转变。这就需要我们审计人员根据现在的情况，分析当前最主要的问题，从而步步深入，引导企业的经营发展。同时也要抓住时点，切合实际经营发展需要，要建立起'管理者思维'，从企业管理的角度去思考企业战略、经营思路以及企业发展的需求，进而一步一步地满足管理层分析决策的需要。"灵樨说道。

"也就是要提高我们的格局,不要局限在'审'这个小的视角下。"秦明说道。

"对,要打开格局,就要提高你的眼界。多看、多读、多想,多锻炼自己。不要局限于某一点的提升,而是要在点的基础上扩大知识面。审计的发展并不仅仅是在审,而是在从审这个'点'出发,走过管理的'线',从而成就企业发展的'面'。"灵樨说道。

"提高自己,才能走得更远。"小米不无感动地说道。

"未来的魅力就在于它充满了无限种可能!"

"未来,海阔天空,任你遨游。"